MÉMOIRE
en Images

YVETOT

MÉMOIRE
en Images

YVETOT

Laurence Abensur-Hazan

ALAN
SUTTON

Dans la même collection

Département de la Seine-Maritime

Darnétal et ses environs
Darnétal II - Au temps de l'industrie textile
Dieppe
Elbeuf cité drapière
Elbeuf - Des événements et des hommes
Fécamp
Grand-Quevilly
Le Havre
Le Houlme
Le Tréport et ses environs
Lillebonne
Malaunay
Montville
Notre-Dame-de-Bondeville
Pavilly
Rouen
Sainte-Adresse
Saint-Valery-en-Caux

Département de l'Eure

Avre et d'Iton (Le pays d')
Bernay I
Bernay II
Breteuil et Damville (Les cantons de)
Brionne et ses environs
Evreux
Gaillon
Pont-Audemer
Verneuil et son canton I
Verneuil et ses environs II

De nombreux ouvrages ont été publiés dans les autres départements français.
Un catalogue de plus de 1 600 titres est disponible sur simple demande
auprès de votre libraire ou aux Editions Alan Sutton.

Editions Alan Sutton - 8, rue du Docteur Ramon - BP 90600 - 37542 Saint-Cyr-sur-Loire Cedex

Première édition août 2007

ISBN 978-2-84910-675-4

ISSN 1355-5723

Dépôt légal : août 2007
Imprimé en Grande-Bretagne par Oaklands Book Services Limited, Gloucestershire

Sommaire

Remerciements 6

Introduction 7

1. Au cœur du pays de Caux 9

2. Autour de l'église 17

3. Une ville commerciale 27

4. Halles et marchés 37

5. Promenade dans les rues d'Yvetot 51

6. Les institutions 69

7. Fêtes et événements 91

8. Le roi d'Yvetot : mythe ou réalité ? 99

9. Touriste à Yvetot 107

10. Les environs d'Yvetot 119

Sources 128

A ma grand-mère, Gabrielle Levillain, née à Yvetot

A mes ancêtres Mahuet, Ballière et Harnois
qui vécurent sous le règne des princes d'Yvetot

Remerciements

Je remercie particulièrement madame Christine Renelle, responsable des archives municipales d'Yvetot, pour son accueil, ainsi que monsieur et madame René Gilles.
Enfin, un merci particulier à Philip pour sa relecture.

Introduction

Ville normande située au cœur du pays de Caux, fondée au IXe siècle, Yvetot, dont le nom vient de deux mots scandinaves signifiant la « maison d'Yves », est connue au-delà même de nos frontières à travers la chanson populaire *Le Roy d'Yvetot* écrite en 1813 par Pierre Jean de Béranger (1780-1857), chanson qui fait référence à son histoire bien singulière.

De seigneurie, elle fut érigée en royaume avant de devenir une principauté à laquelle vinrent s'adjoindre les fiefs de Sainte-Marie-des-Champs, Saint-Clair-sur-les-Monts, Autretot, Baons-le-Comte et Croixmare.

De cette histoire particulière qui dura au moins trois siècles est née l'image si souvent raillée du roi d'Yvetot, rappelée par exemple par Camille Mauclair, poète et romancier, disciple de Mallarmé et auteur de *La Normandie* : « *Yvetot dont l'intérêt serait nul sans la joyeuse légende du "roi" propagée par les railleries de Henri IV, les chansons de Béranger et l'opérette et qui repose sur une vérité, car de ce titre étaient réellement revêtus au XVe siècle les seigneurs de ce petit pays. Cette partie du Caux a peu ou point d'histoire. Ce n'en est pas moins le cœur primitif de la vieille Normandie.* »

Cette indépendance à l'égard du pouvoir royal et sa situation géographique au cœur de la plaine cauchoise assurèrent à Yvetot une prospérité économique, faisant d'elle une ville commerciale d'une certaine importance, attirant sans cesse de nouveaux habitants, mais suscitant aussi la rivalité de la ville voisine de Caudebec-en-Caux.

Comptant 2 500 âmes en 1692, Yvetot vit sa population s'accroître rapidement et de manière considérable puisque la ville avait quadruplé à la fin du XVIIIe siècle, pour décroître ensuite du fait de la concurrence en matière d'industrie textile qu'exerçaient les villes voisines de Bolbec et Barentin.

Les historiens d'Yvetot, tel E. Spalikowski, s'accordent toutefois à lui reconnaître un rôle de « *capitale du Pays de Caux, grâce à ses foires et marchés, à sa situation prépondérante dans le monde des affaires agricoles* », même si tant d'autres la décrient.

Henri IV et Voltaire comptent au nombre de ceux qui raillèrent Yvetot et ses rois. Au XIXe siècle et pour d'autres raisons, Victor Hugo se moqua à son tour d'Yvetot en présentant un tableau déplorable de la ville dans une lettre qu'il adressa à son épouse Adèle en juillet 1836 : « *Yvetot est une sotte ville où les maisons sont rouges et les filles aussi.* » Poursuivant sa diatribe dans une seconde lettre, il ajouta : « *Yvetot est un gîte affreux* », rédigeant même des vers vengeurs, après un bien mauvais repas pris sur place.

A Yvetot

Que le passant te raille !
Qu'en voyant ta muraille
Le voyageur s'en aille
Sur son cheval rétif !
Que, sans entrer, le coche
A ta porte s'accroche !
Que le diable à la broche
Mette ton roi chétif !
Que toujours un blé maigre,
Qu'un raisin à vinaigre
Emplisse tes paniers !
Yvetot la normande
Où l'on est à l'amende
Chez tous les taverniers !
Logis peuplé de singes,
Où l'on voit d'affreux linges
Pendre aux trous des greniers !
Où le poing d'un bélître
Croit casser une vitre
Et crève un vieux papier !
Où l'on a pour salade
Ce qu'un lapin malade
Laisse dans son clapier !
Ville bâtie en briques !
Triste amas de fabriques
Qui sentent le ranci !
Qui n'as que des bourriques
Et du cidre en barriques
Sur ton pavé moisi !
Groupe d'informes bouges,
Où les maisons sont rouges
Et les filles aussi !

L'importance réelle d'Yvetot justifia tout de même l'implantation, dans la première moitié du XIXe siècle, de toute l'infrastructure administrative et sociale nécessaire à son indépendance. Yvetot accéda même au rang de sous-préfecture dès 1800, au détriment de Caudebec qui était auparavant chef-lieu de district et auquel l'opposait une rivalité historique. Caudebec, en effet, n'eut de cesse par le passé de vouloir faire perdre à Yvetot ses privilèges, attitude qui était le reflet d'une jalousie due au fait que cette ville constituait une enclave indépendante au sein du bailliage de Caudebec.

Yvetot ayant réussi à demeurer indépendante durant plusieurs siècles et à acquérir un rôle important au sein de la région, de nombreuses cartes postales furent éditées, à la demande des autorités communales ou des commerçants yvetotais, unis dans le désir de faire encore mieux connaître leur cité.

Ce livre vous permettra de découvrir ou de redécouvrir Yvetot, dont la population s'élève aujourd'hui à un peu plus de 10 000 habitants, telle qu'elle était avant les bombardements qu'elle dut subir, comme d'autres villes normandes, durant la seconde guerre mondiale. De nombreuses maisons furent détruites et la ville prit dans les années cinquante la physionomie que nous lui connaissons aujourd'hui. Quelques rares bâtiments qui purent résister à la guerre et au modernisme sont encore visibles de nos jours.

1

Au cœur du pays de Caux

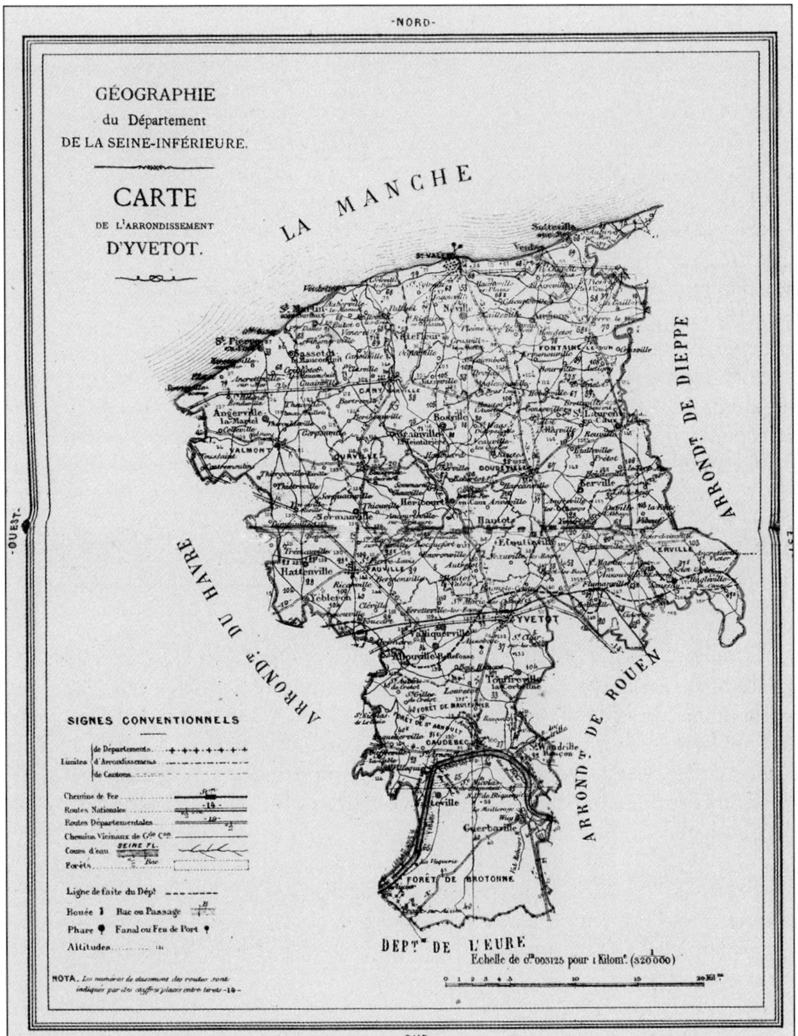

Carte de l'arrondissement d'Yvetot montrant sa situation très centrale au cœur du pays de Caux. Chef-lieu d'arrondissement, elle réunit 10 cantons (Cany-Barville, Caudebec-en-Caux, Doudeville, Fauville-en-Caux, Fontaine-le-Dun, Ourville-en-Caux, Saint-Valéry-en-Caux, Valmont, Yerville et Yvetot) et compte 168 communes représentant, selon le Guide Conty de 1878, 125 412 habitants. A la fin du XIXe siècle, l'arrondissement ne compte plus que 100 165 habitants.

Yvetot est situé au centre du pays de Caux, à mi-chemin entre Rouen et Le Havre. Dans les années 1860, les guides présentaient la ville comme étant à 42 kilomètres de Rouen et à 50 du Havre. En 1878, la ville comptait 8 900 habitants. Vingt ans plus tard, sa population ne s'élève plus qu'à 7 545 habitants selon le dernier recensement effectué au XIXe siècle, repris par Adolphe Joanne.

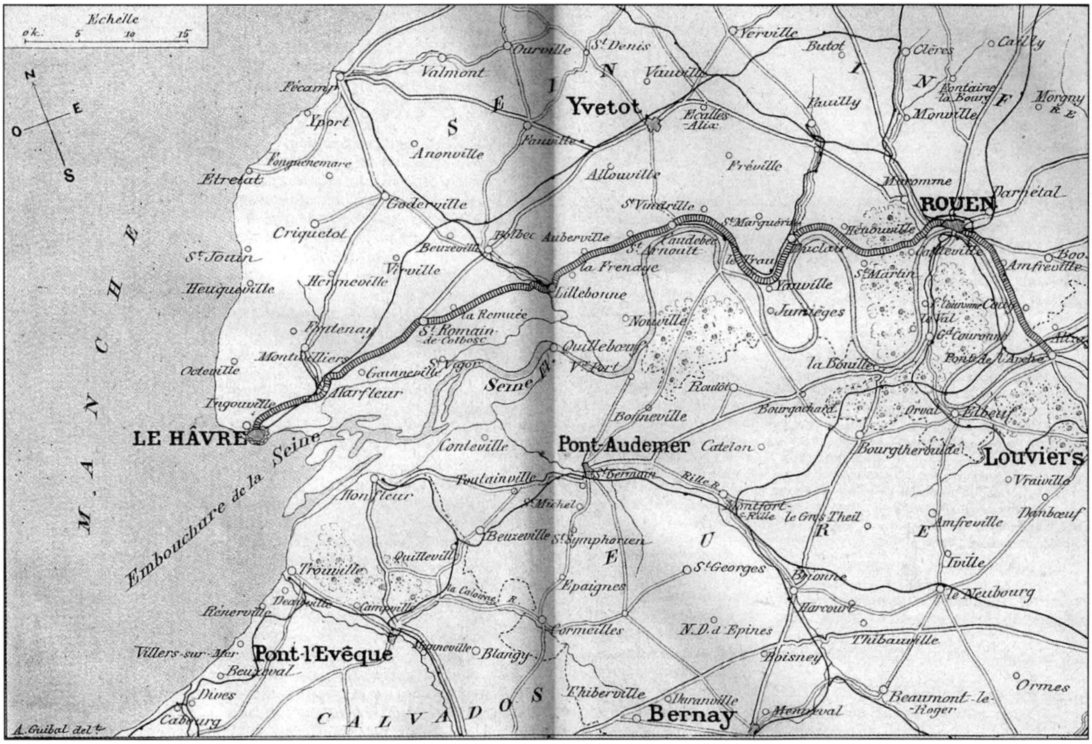

Cette carte montre le pays de Caux dans lequel E. Chapus, auteur d'un guide de voyages en chemin de fer paru en 1862, *De Paris au Havre*, considère Yvetot comme étant *« pour ainsi dire le cœur »*. Il ajoute que le pays de Caux *« occupe [...] un plateau élevé ; c'est une terre riche, déboisée à dessein pour laisser à l'agriculture l'exploitation d'un fonds d'une fertilité rare. Les maisons de campagne sont presque toutes entourées d'un parc et posées à l'extrémité d'une belle avenue ; les pommiers et les poiriers bordent les routes, et les fermes sont toutes enfermées dans une double ceinture d'ormes, de hêtres ou de chênes plantés sur des chaussées de deux à trois mètres d'élévation. Ce sont des remparts verdoyants ; ils garantissent les habitations contre l'âpreté des vents qui balayent sans cesse ces plaines aux horizons infinis. Les habitants d'Yvetot sont laborieux, paisibles. Le tissage des étoffes est leur principale industrie ; leur ville n'a rien à offrir à la curiosité du voyageur : ni antiquité, ni curiosité d'art, pas même ces fameux bonnets cauchois, tradition des coiffures du temps de Charles VI, surmontés de dentelles et s'élevant parfois d'un mètre pour retomber au-dessous du jarret. Ce bonnet ressemble à certain vin de haut cru, qu'on ne rencontre jamais sur le sol natal. Yvetot n'a même plus ces beautés célèbres dont le pays de Caux était si fier autrefois. Les femmes ne s'y piquent d'y être ni plus ni moins belles qu'ailleurs. Cette partie de la Normandie ne semble s'attacher qu'à perpétuer les traditions de son vieux patois. Peut-être en est-il de l'accent normand comme de l'accent gascon, comme de tous les accents possibles : ils sont dans l'air qui baigne une contrée. Oui, les mœurs d'un pays se modifient, mais la prononciation jamais. »*

La route qui traverse Yvetot et relie Paris au Havre date de 1779. Elle fut, dès cette époque et sur l'initiative du dernier prince d'Yvetot, Camille III d'Albon (1752-1789), revêtue d'un pavage en grès, comme les autres rues de la ville.

Au commencement du XXe siècle, un débit de boissons baptisé café de l'Epoque bordait la route. Certains bâtiments qui longeaient cette artère existent toujours.

Yvetot est aujourd'hui traversé par la nationale 15 (anciennement 13 bis) qui prend, dans la ville, les noms d'avenues du Maréchal Foch, du Général Leclerc, de Verdun et Georges Clemenceau. Selon un guide de 1901 (Ardouin-Dumazet), Yvetot *« s'annonce par une interminable rue bordée de maisons sans caractère. Les autres voies n'offrent pas plus d'intérêt, c'est propre, large, mais d'un calme excessif »*. Autrefois, cette route portait les noms plus évocateurs géographiquement de boulevard ou route de Rouen et route du Havre.

Carte postale des années trente montrant Yvetot avant sa destruction durant la seconde guerre mondiale. Les maisons, de deux étages maximum, sont groupées autour de l'église Saint-Pierre.

La façade de l'église est cette fois visible, à quelques mètres de la cheminée de la minoterie Héricher, témoin de l'activité industrielle de la ville. D'assez nombreuses maisons, surtout celles éloignées du centre, étaient entourées de jardins.

L'allure des maisons visibles sur cette carte du début du XXe siècle confirme le descriptif d'Ardouin-Dumazet dans son guide de 1901 : « *La vieille ville aux maisons de bois et de torchis fait place à des maisons de brique.* » Suite à l'incendie de l'hiver 1679-1680 qui détruisit en partie la ville, les habitants durent, sous peine d'une amende de 100 livres, construire leurs maisons en pierres ou en briques avec des toits d'ardoises ou de tuiles, et non plus en bois couvertes de chaume.

Vue générale montrant la villa Hédelin entourée de son parc et de sa volière, répondant parfaitement à la description de E. Chapus : « *Les maisons de campagne sont presque toutes entourées d'un parc et posées à l'extrémité d'une belle avenue.* »

Cette carte montre cette fois la villa Hédelin sous un angle légèrement différent, permettant de constater qu'elle était bien implantée dans la ville, comme le prouve la présence de nombreuses maisons alentour.

La rue menant de la gare (que l'on aperçoit au fond) au centre-ville portait le nom de rue de la Gare ou rue Hédelin, du nom des propriétaires de la somptueuse villa qui la bordait. Un réverbère éclairait la rue, mais aussi l'entrée du parc de la villa.

2

Autour de l'église

15 YVETOT. — Eglise Saint-Pierre. — ND Phot.

Comme toutes les villes françaises, Yvetot s'est construit autour de son église, dont l'existence est attestée dès le XIIIe siècle. Devenue trop petite et tombant en ruines, l'église fut reconstruite sous Camille III d'Albon, dernier prince d'Yvetot, sur un terrain lui appartenant. Achevée en 1771 et dédiée à saint Pierre, elle présentait une façade assez massive en briques rouges et silex. Sa construction coûta aux habitants d'Yvetot 156 000 livres, payées par un impôt spécial sur les denrées du marché. Le clocher de l'ancienne église avait, dit-on, servi aux observations de Cassini.

Après sa destruction durant la seconde guerre mondiale, une nouvelle église Saint-Pierre, d'allure très moderne, fut construite à partir de 1949 et achevée en 1956. Elle n'a pas été érigée exactement sur le même emplacement, mais sur une partie des anciennes hallettes et des rues Ferdinand Lechevallier et de l'Eglise.

L'église possédait un autel en marbre provenant de l'ancien couvent des Chartreux de Rouen, de belles boiseries du XVIIe siècle et une jolie chaire en bois sculpté datant de 1786. Selon A. Fromentin, auteur de *Yvetot et ses environs*, « *les belles armoires de la sacristie sont celles qui figurèrent jadis dans la sacristie de l'église abbatiale du monastère de Saint-Wandrille. Elles sont ornées de riches sculptures du style Renaissance, parfaitement en harmonie avec tous les sujets qui décorent le frontispice de chacune des parties de ce cloître célèbre.* »

Les clichés des cartes postales révèlent bien sûr l'évolution des lieux et des commerces, ici sur la place de l'Eglise. Si le café Lemoine est bien présent sur les deux cartes postales, il s'est, semble-t-il, agrandi au fil du temps si l'on en juge par l'enseigne plus imposante qui figure sur sa façade. De part et d'autre de l'église se trouvaient les rues des Victoires et de l'Eglise, tandis que la rue des Halles la longeait.

Sur la place de l'Eglise, l'animation était fort différente, au moment de la sortie de la messe, de celle qui y régnait les jours de marché.

Située dans le prolongement de l'église Saint-Pierre, la rue de l'Eglise était l'une des plus commerçantes d'Yvetot.

Vue de la rue de l'Eglise qui se prolonge, au-delà de la place de l'Eglise (au fond), par la rue des Victoires. Les charrettes ou voitures à cheval bâchées, visibles au premier plan, lui donnent un petit air de Far West. Sur la droite, à côté de l'Epicerie de Paris, débutait la rue du Calvaire. La rue de l'Eglise a disparu du plan de la ville lors des travaux d'urbanisation d'après guerre.

Au XIXe siècle, la place de l'Eglise s'appelait place du Vieux Marché ou place du Marché, en raison de sa vocation commerciale. C'est sur cette place que, le 15 octobre 1792, les assignats émis par la Caisse patriotique d'Yvetot furent brûlés. Devenue place de l'Eglise, elle conserva son rôle de centre véritable de la ville, animée de cafés et restaurants. Les bâtiments au fond de la place, face à l'église, étaient occupés par les magasins de confection Bréhier. L'Epicerie Centrale sur la droite et le café-restaurant Lemoine sont, comme souvent, bien visibles sur les cartes postales de cette place.

La légende de cette carte est erronée : il s'agit en réalité de la rue des Victoires qui reliait la place de l'Eglise à la rue Pasteur. L'Epicerie Centrale se trouvait à l'angle, côté place de l'Eglise, tandis que l'hôtel des Victoires donnait, lui, sur la rue Pasteur.

La rue des Victoires faisait partie des rues les plus commerçantes et donc les plus animées d'Yvetot au début du XXe siècle. De nombreux commerces de nature différente se partageaient la rue. On aperçoit à l'arrière-plan le bâtiment de l'octroi et des hallettes sur la place de l'Eglise.

A l'autre bout de la rue des Victoires, l'hôtel des Victoires accueillait les voyageurs. Sa position au centre de la place des Victoires le rendait visible de loin.

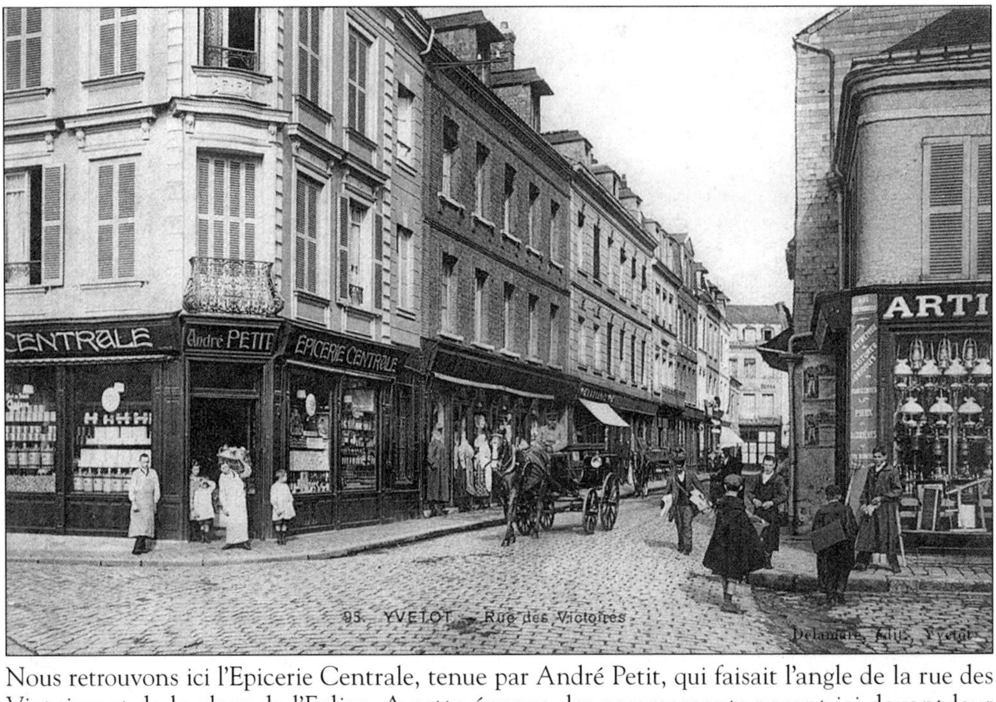

Nous retrouvons ici l'Epicerie Centrale, tenue par André Petit, qui faisait l'angle de la rue des Victoires et de la place de l'Eglise. A cette époque, les commerçants posant ici devant leur devanture portaient encore des tabliers.

Sur ces deux cartes de la rue des Victoires sur lesquelles apparaissent en partie les mêmes personnages, on voit au fond l'église Saint-Pierre. La partie droite de la rue, jusqu'à la place de l'Eglise, était occupée jusqu'au XIXe siècle par le marché au coton. Le commerce du coton à Yvetot au XVIIIe siècle se divisait en trois branches : le coton filé à la poignée, le coton filé en bal et la laine en gros et en détail. Les gens de la campagne venaient à Yvetot pour y vendre au marché les poignées de coton qu'ils avaient filé, moyennant le paiement d'un droit appelé « petit poids ». Les poignées étaient ensuite marquées d'une empreinte dont la couleur variait chaque jour pour éviter les fraudes. Le commerce de coton filé en bal était le plus important et exercé surtout par des négociants de basse Normandie qui, plutôt que de se déplacer eux-mêmes à Yvetot pour le vendre, recouraient sur place aux services de commissionnaires chargés d'en assurer la vente.

189. - YVETOT. — Rue des Victoires.

Ces deux cartes, datant des années trente, montrent l'évolution de la rue des Victoires et des bâtiments qui la bordaient. Les enseignes, comme celle du Palais des Vêtements, se modernisent. Le texte de l'une des cartes, rédigé en 1945, rappelle que le centre d'Yvetot, auquel appartenait la rue des Victoires, fut détruit durant la seconde guerre mondiale mais que, fort heureusement, la population avait été évacuée. Lors de la reconstruction de la ville, la rue des Victoires fut allongée et se prolonge aujourd'hui au-delà de la rue Pasteur.

YVETOT (S.-Inf.) — Rue des Victoires COMBIER IMP. MACON

3

Une ville commerciale

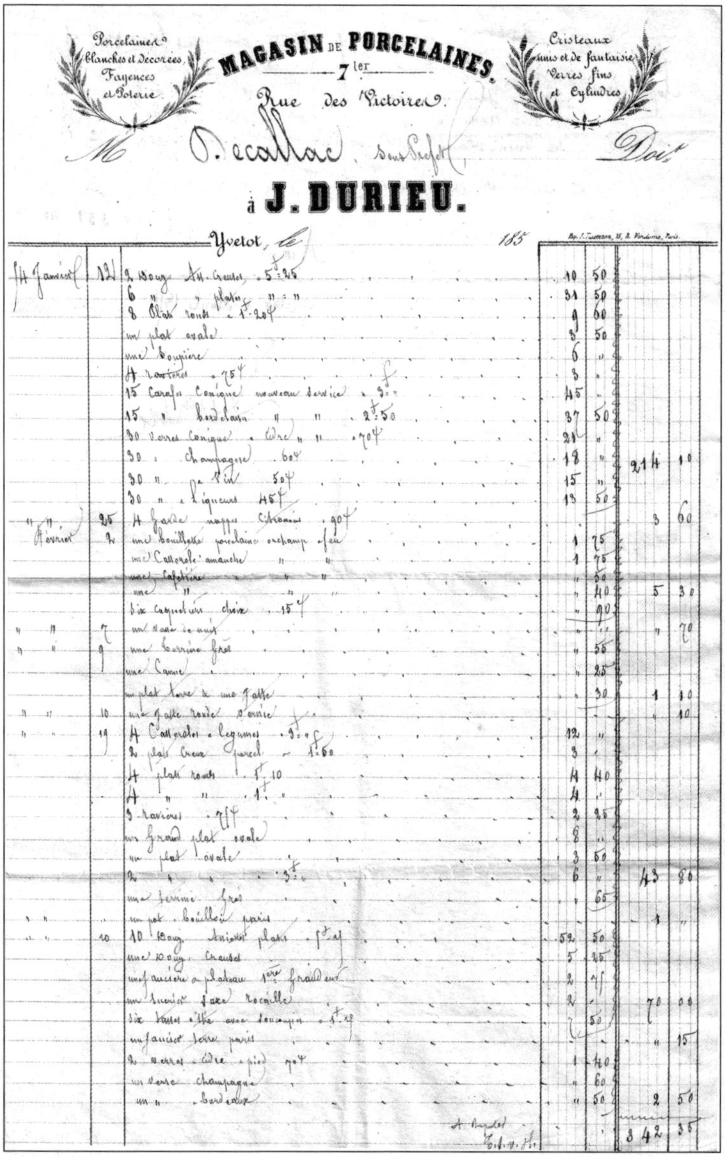

Facture datant de 1854 d'un magasin de porcelaine situé 7 ter, rue des Victoires et appartenant à J. Durieu. Adressée au sous-préfet Decallac, elle venait certainement d'un magasin réputé à cette époque à Yvetot, puisqu'il fournissait les autorités locales en vaisselle et verrerie.

L'animation dans la rue Pasteur rappelle qu'elle était un lieu de passage pour les habitants, mais aussi pour les visiteurs, puisque deux hôtels réputés s'y trouvaient. L'hôtel du Havre, voisin de l'hôtel des Victoires et tenu par monsieur Carpentier, est visible sur la droite, avec son porche permettant l'accès des voitures à cheval.

Le magasin de chaussures Bata a ici remplacé le magasin de L. Lemarchand, tandis que l'hôtel du Havre s'est maintenu. Seul le nom de l'ancien propriétaire a disparu de la façade.

Des commerces de diverse nature se trouvaient au croisement des rues de l'Eglise et Bellanger, qui s'appelait auparavant rue des Arpents. De belles publicités, notamment pour les célèbres biscuits Lefèvre-Utile, ornaient les murs des immeubles. Si la physionomie des magasins n'a guère changé, quelques différences apparaissent toutefois sur la publicité pour la chapellerie Decaux et l'enseigne du magasin A Printania, dont le bâtiment a été construit en 1860 comme indiqué sur la façade.

Cette carte de la rue Bellanger, bien plus récente, laisse apparaître plusieurs changements : des traces de la publicité murale pour la chapellerie Decaux, bien qu'effacée, sont encore visibles. Le magasin, lui, existe encore au bas de la maison sur laquelle elle avait été peinte. Les panneaux publicitaires pour les biscuits Lefèvre-Utile ont disparu mais le commerce alimentaire à l'angle est toujours là. L'ancien magasin à l'enseigne A Printania vend maintenant des chaussures et son propriétaire, le bottier Landrin, assure également leur réparation.

Le magasin d'ameublement Bennetot et Vion, visible sur de nombreuses cartes postales, se trouvait à l'angle de la longue rue du Calvaire et de la rue de l'Etang.

Misant sur la tradition, la fabrique de chaises normandes His-Démare ne manquait pas de faire figurer sur ses cartes postales publicitaires les éléments typiques d'Yvetot et de sa région : la très jeune fille en costume normand et le rouet, symbole de l'activité textile du pays de Caux. Plusieurs modèles de chaises sont aussi visibles, notamment une chaise d'enfant. Le mobilier est également caractéristique de l'époque : armoire-buffet, horloge normande et vaisselier.

Présents déjà depuis longtemps sur la place de l'Eglise, les magasins de vêtements Bréhier étaient considérés, dans une publicité parue dans *La Revue de Rouen* dans les années soixante, comme la plus ancienne maison de vêtements de France. Les magasins existaient sous le même nom depuis 1830.

La rue du Château, dans sa partie la plus large, donnait sur la place de la Halle. Sur la gauche se trouvait le magasin de Raoul Chanu qui vendait des articles de mercerie, bonneterie, peausserie et ganterie. A droite, le café du Commerce offrait quelques tables en terrasse côté place de la Halle.

La situation centrale de la rue des Halles, qui longeait l'église, assurait aux commerçants qui y tenaient boutique une bonne fréquentation de leurs magasins. S'y côtoient ici un tabac et une boutique de cannes et parapluies, dotée d'une enseigne très évocatrice !

Située rue des Champs, l'usine J. Motte et Cie fut construite en 1912. C'est elle qui produisait la célèbre margarine Astra. Rachetée en 1948 par la société Bocquet, de fondation bien antérieure, l'usine a ensuite été dédiée à la fabrication de moutarde. La société yvetotaise Bocquet entra en 1980 dans le giron du groupe agroalimentaire BSN. L'usine cessa de fonctionner à Yvetot en 1992 après le transfert des activités sur Dijon, haut lieu de la fabrication de la moutarde. Certaines des publicités pour la margarine Astra vantaient les origines normandes du produit.

Une marque de moutarde fut créée à Caudebec, ville rivale d'Yvetot, en 1735 par Georges Rondel. Cent vingt ans plus tard, en 1855, Alexandre Bocquet mit au point la recette qui fit la renommée de la marque portant son nom, la moutarde aux aromates. C'est donc cette année-là que la marque Bocquet fut créée, comme l'indique une de ses publicités. L'entreprise Bocquet vint s'installer à Yvetot au XXe siècle. Dans les années cinquante, elle employait encore une centaine de salariés de la région.

La minoterie Héricher, située 43, rue de la Gare et œuvre de l'architecte René Martin, fut construite en 1893 sur l'initiative de Charles Héricher, dont elle porte le nom. Elle fut ensuite exploitée jusqu'aux années cinquante par la famille François qui produisait une farine de froment à partir des blés du pays de Caux. Seuls subsistent aujourd'hui la villa où demeurait la famille Héricher et les locaux communs.

4

Halles et marchés

Le marché se tenait le mercredi, notamment sur la place de l'Eglise. A droite se trouvaient les hallettes et leurs échoppes ouvertes et, au bout des hallettes, le bâtiment de l'octroi. Dans ses *Esquisses historiques sur la ville et le prétendu royaume d'Yvetot* publiées en 1844, un auteur anonyme rapporte que c'est au maire Bourdon-Bénard, successeur d'Aimable Delalande et qui occupa cette fonction jusqu'en 1840, « *que l'on doit l'assainissement de la place de l'Eglise, là dans l'endroit où s'élève cette rangée de hallettes uniformes et élégantes ; représentez-vous des espèces d'échoppes où l'on voyait quelques planches dansant sur de mauvais tréteaux ; plus loin, de vieilles halles en terre dont les débris de chaque jour venaient encore grossir les bourbiers de la place ; ailleurs, une espèce de cloaque impur, dit Vivier, réduit vaporeux de tous* [sic] *les immondices de la ville, et vous aurez une faible image de ce que fut autrefois cette place, qui ne laisse pas aujourd'hui que d'attirer les regards* ».

René Dumontier, historien d'Yvetot, rapporte pour sa part que, dès la veille au soir des jours de marché, les places de la ville se couvraient de planches et tréteaux, en attendant d'être couverts le lendemain matin de grandes toiles blanches.

La foule était dense le mercredi, jour du marché. Yvetotais et habitants des communes voisines s'y rendaient. Les maraîchers des environs, partis parfois la veille au soir, venaient y vendre leurs productions. Les mareyeurs y écoulaient leurs poissons. Les cafés bordant les places étaient largement fréquentés ce jour-là, permettant de parler affaire autour d'un verre de cidre.

Les stands couverts de bâches étaient bien alignés sur la place de l'Eglise le mercredi, jour de marché.

Des commerces de denrées alimentaires bordaient également la place.

Indispensable lieu de ravitaillement, le marché était aussi espace de rencontre : « *Entre parents et amis, ils se reconnaissent, se saluent, s'interpellent et s'embrassent ; nulle part ailleurs, on ne s'embrasse autant, en public, qu'au marché d'Yvetot !* », comme en a témoigné René Dumontier.

Yvetotais et habitants des communes voisines convergeaient les jours de marchés sur les différentes places de la ville. S'y tenaient les stands de produits alimentaires variés, proposés par les cultivateurs et producteurs des alentours venus à Yvetot pour l'occasion, comme ici lors du marché au beurre, aux œufs et aux volailles, devant l'hôtel de ville. L'ambiance sur le marché au beurre, ou sur les autres marchés qui se tenaient à Yvetot au début du XXe siècle, est décrite par René Dumontier : « *Les marchandises, variées et abondantes, produits de la plantureuse Normandie, encombrent le moindre emplacement disponible. Et toute la matinée, les acheteurs de la ville, aussi ceux du dehors, font leurs emplettes ; durant même les premières heures de l'après-midi, Yvetot garde une activité fiévreuse.* »

Début ou fin de marché ? Les étals se couvrent de bâches blanches, donnant à la place de l'Hôtel de Ville une allure fantomatique.

Les étals sont cette fois découverts, permettant aux Yvetotais et Yvetotaises d'acheter les produits alimentaires courants, tout en échangeant leurs impressions sur les bébés en promenade dans leur landau !

Traditionnellement et grâce aux franchises accordées aux princes d'Yvetot, les marchands de toute la Normandie venaient vendre leurs produits sur les foires et marchés de la ville. Il s'agit ici du marché de la place de l'Hôtel de Ville. On devine, sur la gauche, l'enseigne de l'hôtel de l'Aigle d'Or.

Le « marché franc », ou marché aux bestiaux, se tenait le dernier mercredi du mois derrière la chapelle de l'Institution ecclésiastique. Nombreux sont les hommes qui portent la *blaude*, le plus souvent de couleur bleue, fameuse blouse normande traditionnelle destinée à protéger la veste.

L'animation est plus grande dans les rues d'Yvetot les jours de marché. Hommes et femmes rejoignent, paniers au bras, la place de la Halle que l'on aperçoit à l'arrière-plan, où les attendent les étals des marchands.

Jeune Cauchoise se rendant au marché d'Yvetot à cheval. Elle porte tous les éléments du costume traditionnel de la campagne cauchoise, notamment le bonnet et la croix normande en or, souvent surmontée d'un cœur. Elle monte à cheval selon une manière ancienne dite « à la planchette » qui existait déjà à l'époque de Catherine de Médicis et qui permet de poser ses pieds sur une petite planche de bois. Notre jeune Cauchoise n'a bien sûr pas oublié de prendre son panier contenant ses volailles à vendre.

Avis d'adjudication paru dans *L'Abeille cauchoise* en 1850 pour l'attribution, pour une durée de trois ans, des différents droits liés au commerce sur les marchés et dans les halles d'Yvetot. En effet, les marchands qui venaient y vendre leurs produits devaient payer un droit pour la location d'une place dans une foire ou sur un marché, mais également sur le poids de leur marchandise. Il en était ainsi, par exemple, pour la vente du coton. La halle aux grains ou halle au blé, place du Champ de Mars, faisait également l'objet d'une adjudication pour la même durée. Lorsque Yvetot était encore une principauté, Camille III d'Albon possédait, outre divers biens, les 55 loges du marché et des deux pavillons l'entourant qui servirent ensuite, l'un d'octroi, l'autre de café. Ces informations sont rapportées par Robert Tougard, auteur de *La Révolution à Yvetot*, et figurent dans les registres d'imposition des 20e, conservés aux archives départementales de Seine-Maritime.

VILLE D'YVETOT.

Adjudications pour 3 années.

1° Adjudication des droits de

LOCATION DE PLACES

Aux Foires et Marchés ;

2° Adjudication à titre de bail à loyer,

DE LA

Halle aux Grains;

3° Adjudication des droits de

Pesage et mesurage.

Le Maire de la ville d'Yvetot, chevalier de la légion d'honneur,

Donne avis que, le mercredi dix-huit décembre prochain, à midi précis, dans une des salles de l'Hôtel-de-Ville, il procédera, en présence de deux membres du conseil municipal et du receveur municipal,

Premièrement, à l'adjudication, sur soumissions cachetées, au plus offrant et dernier enchérisseur, pour 3 années, à compter du 1er janvier 1851, des droits de location de Places qui se perçoivent dans les foires et marchés d'Yvetot.

La mise à prix est fixée à . 6,500 fr.

Les soumissions devront être portées sur papier timbré et déposées au secrétariat de la mairie, une heure au moins avant l'opération.

Deuxièmement, à l'adjudication, sur soumissions cachetées, à titre de bail à loyer, au plus offrant et dernier enchérisseur, de la Halle aux Grains d'Yvetot, ainsi que des droits à percevoir dans ce local, pendant 3 années qui commenceront à courir le 1er janvier 1851.

La mise à prix est fixée à . 5,800 fr.

Les soumissions devront aussi être portées sur papier timbré et remises au secrétariat de la Mairie, une heure au moins avant l'opération.

Troisièmement, à l'adjudication, au plus offrant et dernier enchérisseur, à l'extinction des feux, des droits de Pesage et Mesurage de cette ville, pour 3 années qui commenceront à courir le 1er janvier 1851.

La mise à prix est fixée à . . 90 fr.

On pourra prendre connaissance des cahiers des charges des adjudications, au secrétariat de la mairie, tous les jours (les dimanches et fêtes exceptés), depuis 9 heures du matin jusqu'à 4 heures du soir.

A Yvetot, le 27 novembre 1850.

Le Maire,

P. LE FÈVRE.

La halle aux grains ou halle au blé fut construite de 1782 à 1786 sous Camille III d'Albon. Sa façade donnait, en sa partie la plus large, sur la place des Belges, anciennement Champ de Mars puis place d'Armes, tandis que sa partie la plus étroite donnait, quant à elle, sur la place de la Halle. L'inscription « *Gentium Commodo Camillus III, MDCCLXXXVI* » figurait au fronton, côté place des Belges. Le bâtiment servait également de halle aux toiles puisque, à l'étage, se négociaient les étoffes. Peu de temps après sa construction, la halle aux grains sera le théâtre d'événements graves durant la Révolution : le 4 mars 1789, une émeute éclata sur la place, « *à cause de la disette et de la cherté du blé* », faisant un mort et plusieurs blessés.

La halle aux grains était un bâtiment long de 47,5 mètres et d'une superficie de 627 m^2. Au début du XIXe siècle, la rue à l'arrière de la halle s'appelait rue aux Vaches.

Cette carte montre les halles, côté place d'Armes, durant le marché agricole.

A. Fromentin, auteur de *Yvetot et ses environs*, rapporte que c'est devant la halle que, durant la Révolution et après la mort de Louis XVI, fut élevée la « Montagne nationale ». Son érection obligea tous les habitants d'Yvetot à participer aux travaux de terrassement, chacun devant, à l'aide d'une pioche et d'une brouette, amener des mottes de terre afin de les *« entasser sur l'éminence qui devenait de jour en jour plus haute »*. Un arbre dit « arbre de la liberté » avait été planté au sommet. C'est sur ce même sommet que les officiers municipaux lisaient à la population les derniers décrets des autorités révolutionnaires, *« coiffés d'un bonnet rouge, un couteau suspendu à leur ceinture et une branche de chêne à la main »*. Sur cette place et à cette même époque, les anciens titres féodaux et de noblesse, ainsi que de précieux ouvrages et manuscrits provenant des abbayes voisines, furent brûlés.

Les hallettes sur la place de l'Eglise. Face aux hallettes, au centre de la place, se trouvait, dans les siècles passés, la halle aux toiles. Dès le Moyen Age, Yvetot fut une place commerciale importante au sein du pays de Caux. Jules Janin rappelle qu'à l'époque des rois d'Yvetot, *« les marchands d'Espagne et de Castille se rendaient d'Harfleur à Yvetot pour échanger leurs marchandises contre celles de la France ; ce royaume était tout simplement un comptoir »*.

Les seigneurs d'Yvetot permirent en effet le développement commercial de la ville grâce aux exemptions de tout droit de péage et d'entrée qu'ils accordèrent aux marchands et à leurs marchandises. Yvetot connut donc une prospérité commerciale dès le XIVe siècle. La ville vécut ensuite des périodes tourmentées, notamment du fait de l'incendie du 20 août 1688 qui détruisit le centre de la ville, périodes qui malmenèrent quelque peu ses capacités commerciales. Yvetot parvint tout de même à maintenir une activité prospère, principalement liée à l'industrie textile très développée dans toute la région. La navette, outil utilisé par les tisserands, est d'ailleurs incluse dans les armes de la ville, au côté des épis de blé. Au XVIIe siècle, René Dumontier, auteur de l'ouvrage *Il était un roy d'Yvetot*, rappelle qu'Yvetot possédait cinq halles *« destinées à la vente des grains, aux cotoniers, aux bouchers, aux filassiers, aux merciers et drapiers »*.

Dans les années trente, les commerces étaient ouverts aux hallettes les autres jours que le mercredi, jour du marché. Les habitants d'Yvetot pouvaient ainsi s'approvisionner en divers produits alimentaires de première nécessité. Une pompe à essence était installée le long du trottoir. Le pavillon de l'octroi, que l'on voit ici au premier plan, deviendra une école de sténographie et dactylographie.

Les hallettes abritaient en particulier des marchands de fruits et légumes, dont on aperçoit ici les cageots.

5

Promenade dans les rues d'Yvetot

Au XIXe siècle, il arrivait sans doute de voir dans les rues d'Yvetot les femmes portant la tenue régionale. Laissons parler le vicomte Walsh, observateur attentif des coiffes des Yvetotaises : « *Le sang du pays est remarquablement beau ; les femmes de la contrée le savent ; aussi elles cherchent, par la singularité et la hauteur démesurée de leurs bonnets, à attirer les regards. Ces bonnets de mousseline très claire posée sur des fonds bleus ou roses, et dont les barbes et le fond sont bordés de dentelle haute de plusieurs doigts, sont une vraie réminiscence des henins que l'on portait sous* Charles VI *et* Charles VII, *coiffure si dispendieuse et si ridicule* [...]. *Ces henins sont continués dans les bonnets des* Cauchoises, *et l'on nous a montré une de ces coiffures appartenant à une riche fermière des environs d'Yvetot ; ce bonnet était estimé près de trois mille francs, tant à cause des dentelles, qu'à cause des épingles d'or à grosse tête qui le fixaient sur la chevelure. Semblable édifice est exposé au vent, et il faut le maintenir pour qu'il ne s'en aille pas par-dessus les moulins.* »

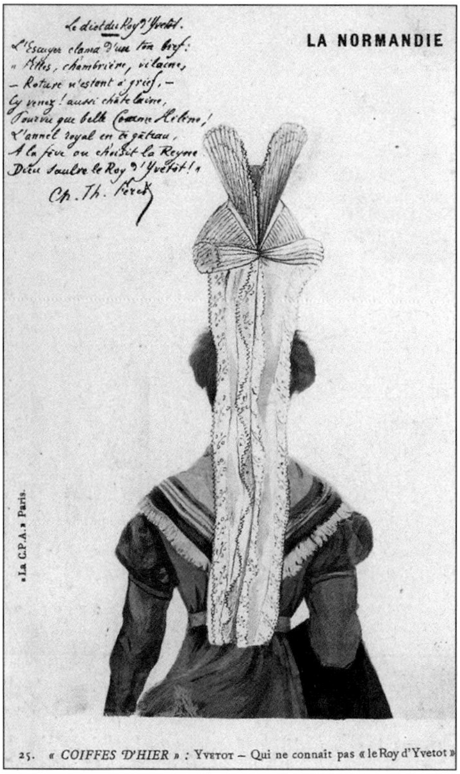

La coiffe représentée ici est le bonnet cauchois, également appelé *bourgoin*. Composé de deux volants, il était porté sur des cheveux postiches. Marguerite Bruneau, spécialiste des coiffes normandes, le définit comme « *un bonnet de drap d'or ou d'argent ou de soie, très souvent rebrodé d'or ou d'argent, décor dont les motifs de paillettes et de cannetilles s'enrichissent de verroteries à facettes, lequel bonnet sert de support à de longues barbes de mousseline et de dentelles, différemment plissées et disposées suivant les localités* ».

Le bonnet cauchois des Yvetotaises, vu de face ici, était communément appelé « pierrot d'Yvetot ». Il était porté par les femmes de la bourgeoisie ou dans des occasions particulières. Il se caractérisait par un resserrage du milieu de la barbe du sommet de la coiffe, qui évoquait ainsi un épi de blé.

La coiffe de deuil est dépourvue de broderie et dentelle. Ce costume est celui que portait l'épouse du trésorier de l'église d'Yvetot qui venait de perdre sa mère.

Une aubergiste d'Yvetot servit de modèle au dessinateur qui représente ici la coiffure d'une Cauchoise ayant ôté son grand bonnet, laissant apparaître le chignon postiche.

La rue Pasteur s'appelait auparavant rue Vallaville. Au début du XXe siècle, elle était notamment occupée par des hôtels et cafés. On aperçoit ici, sur la gauche et tout près de l'hôtel des Victoires, le café de Paris.

Dans son édition de 1878, le Guide Conty mentionne un loueur de voitures, A. Poulingue, 24 rue Vallaville, qui mettait à la disposition des touristes et voyageurs un « *grand choix de landaus, coupés, breaks et paniers* », ainsi que d'« *excellents chevaux* ».

Située, par rapport au centre, de l'autre côté de la route de Rouen et de celle du Havre, la rue de la République était peu commerçante. Elle s'appelait auparavant rue des Bouchers.

Adultes et enfants posent devant l'objectif du photographe chargé d'immortaliser la rue de la République.

Quelques belles villas, à l'architecture recherchée, existaient à Yvetot avant guerre, dont certaines très imposantes, comme la villa Jeanne d'Arc située rue de la République.

La circulation automobile, peu développée à cette époque, permettait encore aux habitants d'Yvetot de s'arrêter au milieu de la chaussée pour converser.

L'imprimerie A. Bretteville, qui imprimait le journal *Le Réveil d'Yvetot*, se trouvait rue de la République. *Le Réveil d'Yvetot* a été fondé en novembre 1877 par Nicaise Alexandre Bocquet, célèbre fabricant de moutarde. Il se voulait « Journal républicain des intérêts agricoles et commerciaux de l'arrondissement ». Sa publication fut interrompue entre 1940 et fin septembre 1944. A partir de 1948, il fut publié sous le titre *Le Courrier cauchois*, titre issu de sa fusion avec *Le Petit Cauchois*.

Dans sa partie la plus proche du centre-ville, la rue du Calvaire débutait rue de l'Eglise, en direction de Baons-le-Comte. L'actuelle rue du Calvaire est moins longue qu'au début du siècle.

Le pavage ancien, dont l'initiative à Yvetot revient au dernier prince de la ville, est encore préservé sur ce cliché.

Durant la Révolution, la rue du Calvaire fut débaptisée pour être nommée rue de… la Révolution. Elle ne retrouva son nom que suite à une délibération du conseil municipal du 20 germinal an XII.

Les vues de la rue du Calvaire permettent souvent de suivre l'évolution de la façade du magasin d'ameublement Bennetot et Vion.

Entre ces deux cartes, le revêtement de la chaussée de la rue du Calvaire a changé : les pavés ont été remplacés par un revêtement plus uniforme, et donc plus moderne, permettant une meilleure circulation des automobiles. Une voiture à bras stationnée devant un magasin montre que modes de transport moderne et ancien se côtoyaient encore.

Une partie de la rue du Calvaire, très longue avant la guerre, était dépourvue de commerces et destinée plutôt à l'habitat des Yvetotais. Les maisons n'y avaient pas plus de deux étages.

Yvetot connut un incendie extrêmement dévastateur le 20 août 1688, durant lequel presque toutes les maisons des rues de l'Eglise et du Calvaire furent détruites. Environ 200 maisons furent touchées par les flammes, ainsi que les cinq halles que comptait la ville à cette époque.

La rue Ferdinand Lechevallier doit son nom à celui qui fut député-maire d'Yvetot de 1881 à 1904. Cette rue, bien que située elle aussi non loin de l'église et donc assez centrale, était, sur une partie au moins, dépourvue de commerces et plutôt réservée à l'habitat.

Vue plus animée de la rue Ferdinand Lechevallier, sur laquelle donnait une partie de la façade du bâtiment de l'octroi. On devine les hallettes sur la droite, dans le prolongement de l'octroi, donnant sur la place de l'Eglise.

La halle aux grains ou au blé, qui donnait son nom à la place, est invisible sur la carte mais se trouvait sur la droite. On aperçoit, sur la droite également, la place des Belges (ancien Champ de Mars et place d'Armes).

Le nom de la rue du Château, dite aussi Petite rue du Château, faisait bien sûr référence au château des rois d'Yvetot. Assez étroite par endroits, comme le montre cette carte postale, elle débouchait sur la place de la Halle.

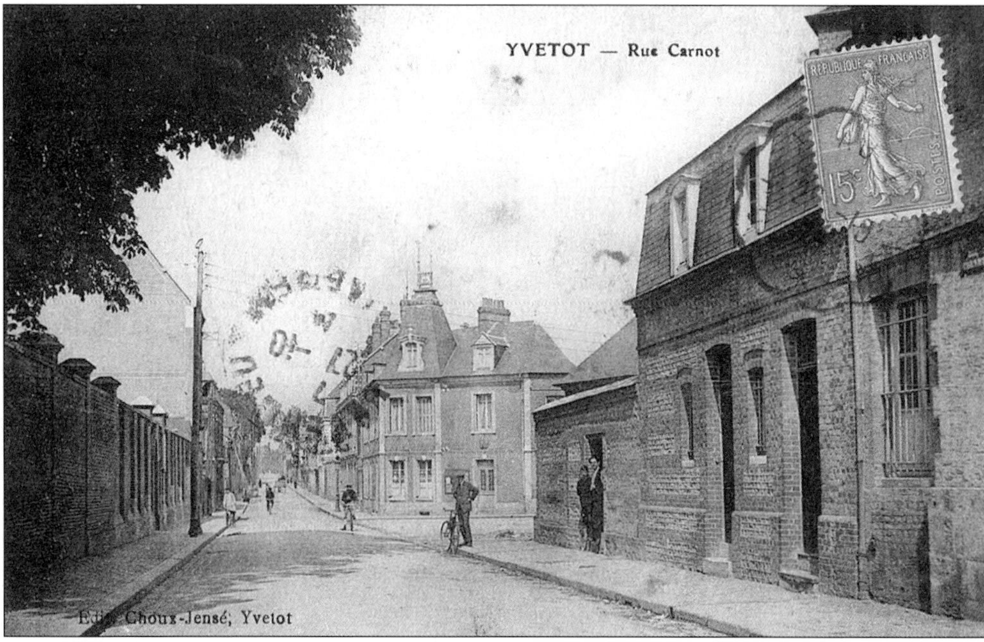

La rue Carnot partait du centre, place des Belges, et se prolongeait au-delà de la route de Rouen.

On devine ici l'enseigne de l'agence yvetotaise du Crédit du Nord.

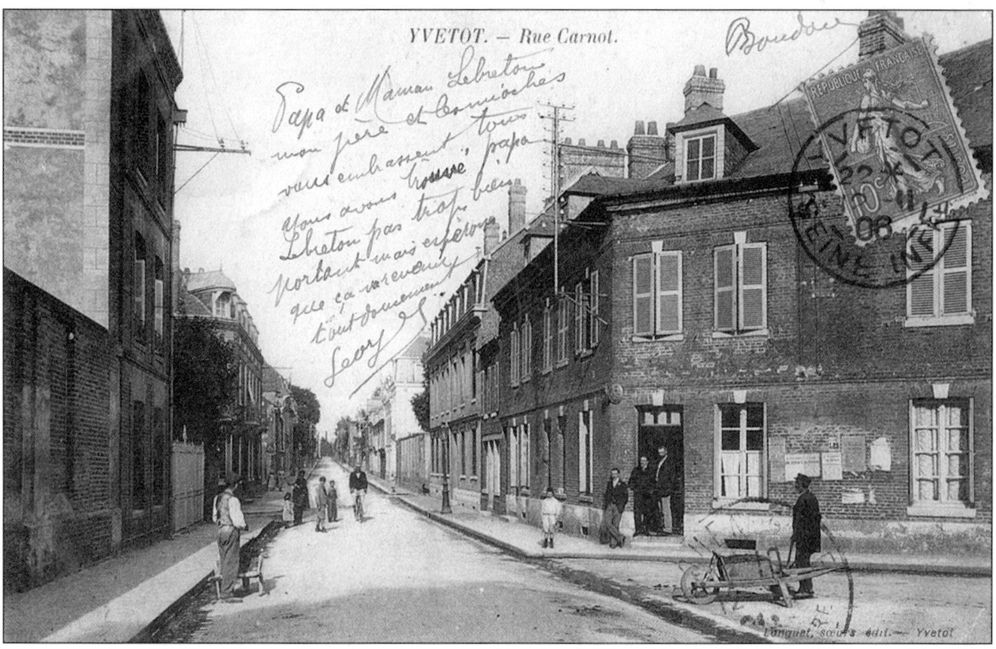

A l'angle se trouvait l'étude de Me Baudard, notaire.

La propriété Mérouze, entourée de son grand parc, se trouvait rue Carnot. Son propriétaire y exerçait comme dentiste.

L'imposante villa La Mouette présentait des éléments typiques de l'architecture normande, en particulier les colombages. Son nom rappelait qu'Yvetot n'était pas loin de la mer !

La place Saint-Louis, devenue place Louis Féron, sur laquelle trône toujours une statue symbole d'abondance, installée au milieu d'une fontaine. Elle se trouvait auparavant sur la place de l'Eglise.

L'étang d'Yvetot fut creusé sur l'initiative de Camille III d'Albon en 1776, sur un terrain appartenant à Nicolas Héricher qui fut par la suite le délégué de la corporation des briquetiers, maçons et couvreurs lors de la Révolution. Le dernier prince d'Yvetot voulait ainsi corriger le problème d'approvisionnement en eau dont souffrait la ville du fait de sa position géographique, au cœur d'un plateau situé à 152 mètres au-dessus du niveau de la mer. Yvetot était en outre dépourvu de cours d'eau et la nature de son sous-sol ne facilita pas la création de puits. Ardouin-Dumazet, auteur d'un guide en 1901, attribua d'ailleurs la relative décadence de la ville à ce problème qui eut raison de ses industries : « *Sur ce haut plateau où, jadis, chaque maison abritait un métier à tisser, l'industrie moderne n'a pu trouver le liquide pur dont elle a besoin.* » La création de l'étang ne résolut pas pour autant le problème d'approvisionnement en eau de la ville. Louis Lapert, auteur d'un ouvrage sur la guerre de 1870 à Yvetot, rapporta qu'à cette époque, un cultivateur des environs de Vasouy, commune limitrophe d'Honfleur, dans le Calvados, monsieur Petit, était persuadé de pouvoir trouver de l'eau en creusant le sol jusqu'à une certaine profondeur. Le journal *L'Abeille cauchoise* du 22 juin 1870 racontait qu'il se servait d'une « *baguette de coudrier pour réaffirmer l'existence d'une nappe d'eau passant sous le Champ-de-Mars* ». La guerre de 1870 qui éclatera quelques semaines plus tard interrompit ces tentatives.

6

Les institutions

L'hôtel de ville, tel que nous le connaissons actuellement, a été achevé en 1922. Il a été construit à l'arrière de celui qui existait auparavant. Les travaux, commencés en 1913 mais interrompus par la guerre, ont été repris ensuite jusqu'à l'achèvement du bâtiment. Son inauguration eut lieu en grande pompe début juin 1922, en présence notamment du ministre de l'Agriculture, monsieur Chéron, et de plusieurs notables locaux (*Yvetot*, Jacques Delamare).

Le bâtiment de l'hôtel de ville visible sur cette carte postale est celui édifié en 1832 sur l'initiative du maire de l'époque, monsieur Bourdon-Bénard. « *Commerçant distingué, économe sans parcimonie, il porta dans l'administration cet esprit d'ordre et de prévoyance qu'il mettait dans ses affaires, et qui est toujours un puissant élément de prospérité. Aussi, Yvetot qui avait encore tant à faire sous le rapport de la propreté et de la salubrité, vit bientôt, à la place d'une espèce de bourbier fangeux, s'élever, sinon un magnifique hôtel-de-ville, du moins une mairie propre et convenable, devant laquelle se déploie une belle place, bordée d'assez jolies maisons.* » (*Esquisses historiques sur la ville et le prétendu royaume d'Yvetot*, anonyme). Auparavant et postérieurement à la Révolution, la mairie fut installée dans une maison qui appartenait à la famille d'Albon et où fut célébré le 26 juin 1793 le premier mariage civil d'Yvetot : celui de Pierre Montier et Marie Victoire Bucaille.

Cette carte postale représente le projet du bâtiment du nouvel hôtel de ville construit de 1913 à 1922 et qui est celui que nous connaissons aujourd'hui, à quelques modifications près. Sur la droite se trouve la rue Thiers où subsistent de nos jours quelques rares maisons datant du XIXe siècle.

L'hôtel de ville est cette fois construit. Le monument à la mémoire des victimes yvetotaises de la première guerre mondiale a été inauguré sur la place.

Le monument de la Victoire est l'œuvre du sculpteur Moreau-Vauthier. 275 habitants d'Yvetot perdirent la vie durant la première guerre mondiale. Ce monument leur rend hommage et se trouve devant l'hôtel de ville.

Le monument du Souvenir français a été dédié par la ville d'Yvetot aux trop nombreuses victimes originaires du canton d'Yvetot des guerres de Crimée (1854-55), d'Italie (1859) et contre l'Allemagne (1870-1871). Il se trouve aujourd'hui au cimetière Saint-Louis.

Alexandre Roussel, maire d'Yvetot, fut président de la Caisse d'épargne de 1856 à 1862, puis de 1874 à 1880.

Ferdinand Lechevallier, dont le nom a été donné à une rue d'Yvetot, fut député-maire de la ville jusqu'à son décès en 1905.

Emmanuel Lhermitte, maire d'Yvetot au début du XXe siècle, fut président de la Caisse d'épargne de 1904 à 1908.

Eugène Bocheux sera maire d'Yvetot à partir de 1908 pendant 17 ans. Il laissera son nom à une cité de logements municipaux.

L'Institution ecclésiastique, également appelée « Séminaire » par les Yvetotais et la « Maison » par ceux qui l'ont fréquentée, fut d'abord fondée en 1826 dans une dépendance du château, comme le rappelle Jacques Delamare (*Yvetot*). Guy de Maupassant la fréquenta à partir de 1863 avant d'en être renvoyé le 25 août 1868… pour sa turbulence ! Il avait eu le tort d'appartenir à une société secrète fondée contre *« l'ennui au collège »* ! L'avocat normand Edward Montier, né à Bolbec en 1870 et qui en fut l'un des élèves, rapporte que la « Maison » obtint, trois ans avant la loi Falloux, *« le privilège de plein exercice, c'est-à-dire le droit de présenter ses élèves au baccalauréat »*.

L'adoption de la loi de séparation des Eglises et de l'Etat en 1905 entraîna la disparition du collège d'Yvetot, dont les locaux servirent d'hôpital quelques années après, lors de la première guerre mondiale. Après l'Armistice, le bâtiment fut transformé, sur les instances du préfet de Seine-Inférieure, en institut de perfectionnement accueillant des enfants handicapés mentaux, avant de devenir l'école d'agriculture en 1919. Il disparut définitivement pendant la seconde guerre mondiale.

27. YVETOT — Institution Ecclésiastique - La Chapelle

Sur la rue où fut construite la chapelle gothique de l'Institution ecclésiastique se trouvaient, selon le témoignage d'Edward Montier, *« des bicoques servant de chambres au Supérieur et à son frère* ; M. *Robert y avait aussi son appartement tapissé des feuillets d'un registre de voiturier ».* Les trois personnages cités œuvrèrent au développement de la « Maison ». Le Supérieur, l'abbé Xavier Labbé, était arrivé à Yvetot le 2 octobre 1826, rejoint par son frère Pierre en 1831. Monsieur Robert, à la fois homme de confiance des Labbé et de l'administration diocésaine selon E. Montier, fit pour sa part édifier la chapelle, puis le grand bâtiment. Commencée le 8 mai 1837, la construction de ce dernier édifice se fit avec l'aide des élèves et dura quatre ans.

Edward Montier décrit la chapelle comme étant *« d'une sobriété qui ne manque pas d'élégance ».* Il ajoute qu'à l'extérieur, *« une galerie de roses court autour du toit, jalonnée de clochetons aigus ; notre chapelle a grand air ; on la dirait détachée d'une cathédrale. Au-dessous, règne une crypte profonde dans laquelle reposent maintenant les deux fondateurs et l'édificateur de la Maison : c'est la nécropole des ancêtres, le lieu saint et sacré entre tous. Ce sont les élèves aussi qui l'ont creusée, et là encore, le samedi veille de Pentecôte 1841, la dernière brouette de terre, traînée par une soixantaine d'enfants attelés deux à deux en est sortie couronnée de fleurs et conduit par le Supérieur lui-même ».*

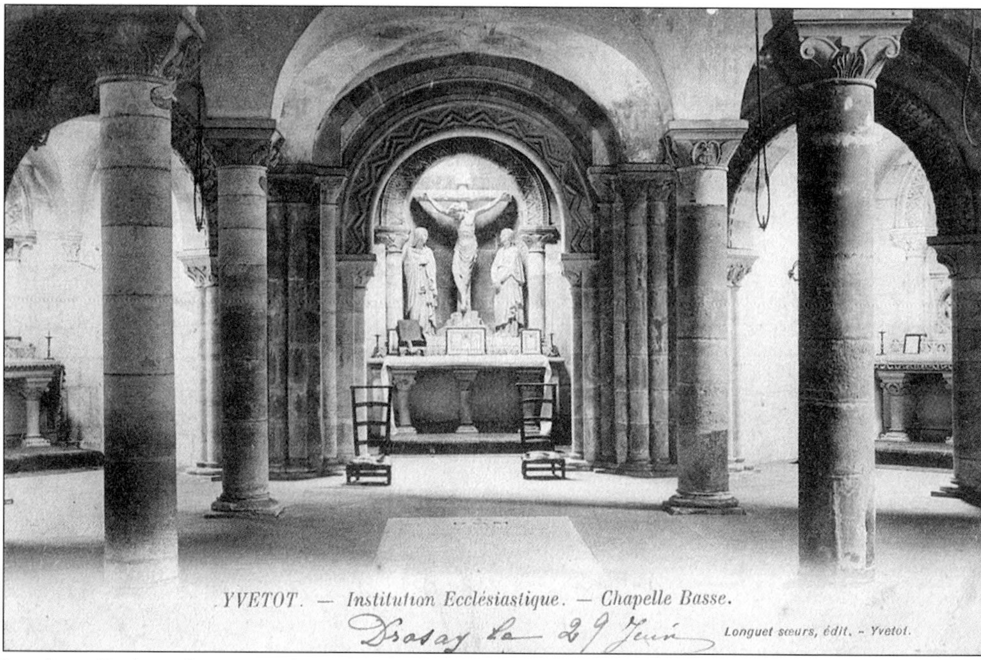

La chapelle de style roman dont E. Montier a décrit l'élégante sobriété.

Après sa disparition en tant qu'établissement d'enseignement religieux, le bâtiment de l'Institution ecclésiastique servit d'hôpital militaire durant la première guerre mondiale sous les noms d'hôpital de la Croix-Rouge, puis d'hôpital de l'Alliance.

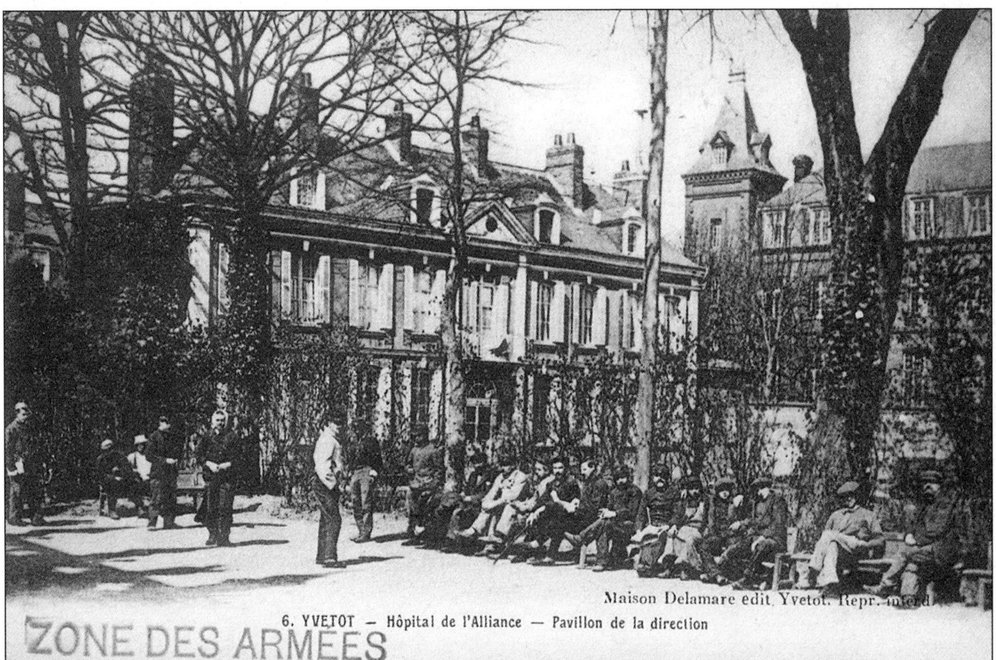

Après la Révolution, Yvetot devint une sous-préfecture dont les bureaux furent installés dans le local du presbytère, rue du Couvent, où ils restèrent jusqu'en 1850, date à laquelle fut construit le nouveau bâtiment représenté sur cette carte postale. Le choix d'un tel local s'explique par le fait que le premier sous-préfet, nommé le 16 avril 1800, l'abbé François-Henri Legrand, ancien bénédictin, était curé de la paroisse d'Yvetot et habitait le presbytère. La sous-préfecture y fut donc tout naturellement installée. Yvetot perdit en 1926 son statut de sous-préfecture acquis en 1800, ne conservant que son bâtiment situé 22, rue du Couvent.

L'hôtel des postes se situait sur la place des Belges, tout près du bâtiment de la halle aux blés que l'on devine ici sur la droite. Avant d'être dédié aux services postaux, le bâtiment avait, de 1795 à 1832, servi d'hôtel de ville.

Le bâtiment de la poste donnait sur le Champ de Mars, devenu place des Belges, et faisait l'angle avec la rue Carnot. On aperçoit, à l'arrière-plan sur la droite de cette rue, les locaux du Crédit du Nord.

L'école communale de garçons a été fondée à Yvetot en 1882 et comprenait au départ huit classes. Elle vit ses effectifs augmenter au XXe siècle, atteignant onze classes en 1945. Un enseignement, certes moins structuré, était déjà dispensé auparavant et son principe en fut renforcé suite à la Révolution. La création d'une école fut officiellement votée par délibération du conseil général de la commune, le 6 brumaire an II.

L'école de garçons était dotée, comme il se doit, d'une vaste cour permettant aux élèves de se dégourdir les jambes et de se détendre entre les cours. Des générations d'Yvetotais la fréquentèrent. Avant la Révolution, deux écoles (l'une payante, l'autre gratuite) furent ouvertes dans les locaux du couvent des Bernardines, sur proposition de l'archevêque de Rouen.

Une école communale pour filles, issue de la transformation de l'école des religieuses d'Ernemont, fut instituée à Yvetot en 1791, mais l'enseignement ne débuta vraiment qu'en 1795.

L'inauguration de l'école publique de filles en 1908. Elle comprenait une école primaire, un cours complémentaire et un internat.

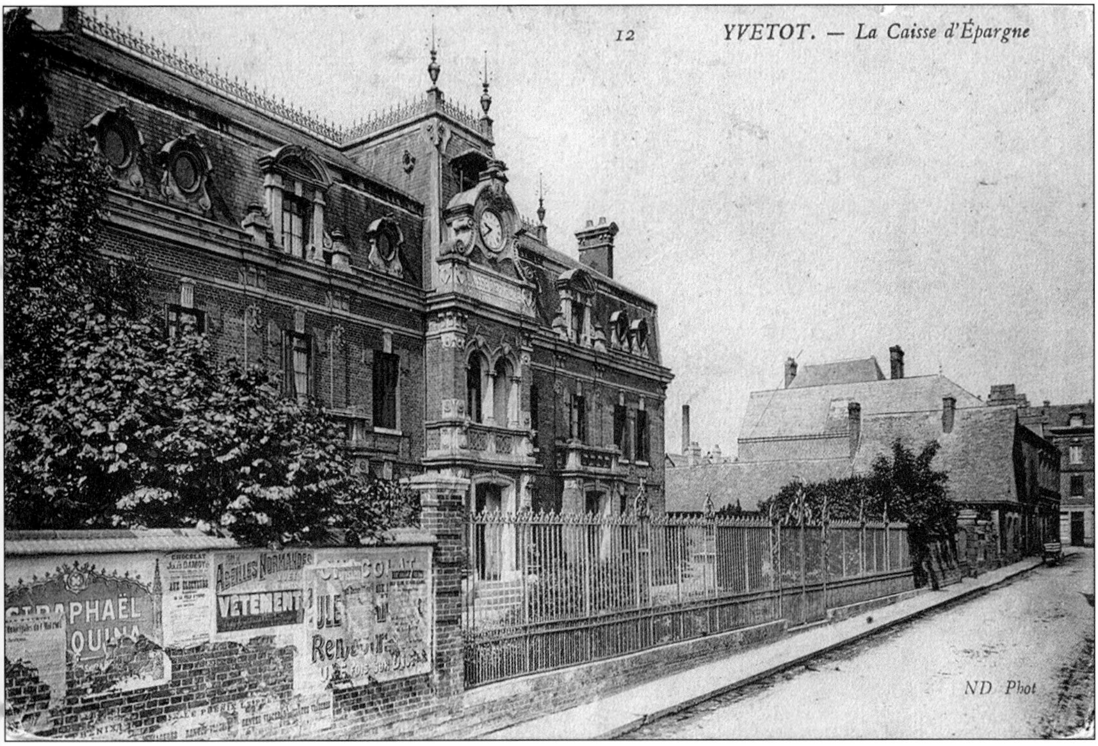

La Caisse d'épargne d'Yvetot fut fondée le 13 février 1837, à la suite de la première créée en France en 1818 par Benjamin Delessert. Un ouvrage publié à l'occasion de son centenaire indique que la décision fut prise lors d'un conseil municipal qui eut lieu le 11 juillet 1835, présidé par le maire d'Yvetot de l'époque, monsieur Bourdon-Bénard. Cent soixante Yvetotais comptent au nombre des souscripteurs-fondateurs de cette Caisse d'épargne, parmi lesquels le maire lui-même. En 1881, il fut décidé d'acquérir, pour l'abriter, un immeuble appartenant à madame veuve Albert Lechevallier, situé rue des Caves, devenue ensuite rue de… l'Epargne.

Le tribunal de commerce était, en bonne logique sans doute, voisin du cœur commercial de la ville. Il se trouvait à deux pas de la halle aux grains, dont la façade donnant sur la place de la Halle est visible sur cette carte postale. Il avait été établi par décret de l'Assemblée nationale du 21 novembre 1790, grâce à l'intervention des deux députés d'Yvetot, Lenoir et Guilbert.

Le 2 juin 1800 fut installé à Yvetot un tribunal de première instance sur ordre du préfet. Situé rue du Couvent, il fut installé dans les locaux du monastère de femmes de l'ordre de Cîteaux, fondé à Yvetot au milieu du XVIIe siècle. Il servit de prison et c'est aujourd'hui l'un des rares édifices anciens épargnés par la guerre et l'urbanisation du XXe siècle.

L'hospice Asselin porte le nom de son fondateur Louis-Jules Asselin-Desparts qui, par son legs de 100 000 francs décidé en 1816, permit sa création. Par une ordonnance du 7 mars 1817, Louis XVIII chargea le maire d'Yvetot, monsieur le baron Delalande, de veiller à ce que l'hospice obtienne bien la propriété de tous les objets compris dans le legs fait par son fondateur. L'hospice fut dans un premier temps fondé dans la maison d'un sieur Isaac, rue du Clos du Manoir, mais le nombre de malades ayant rapidement augmenté, il fut décidé d'acquérir en 1820 l'auberge à l'enseigne A la Ville de Rouen, située rue du Calvaire, dans laquelle l'hospice fut transféré. Devenu à nouveau trop petit eu égard au nombre de malades, un bâtiment fut finalement construit et achevé en 1841 sur un terrain appartenant à son fondateur, au bord de la route reliant Le Havre à Rouen.

Le nouveau bâtiment de l'hospice, disparu aujourd'hui, a été construit par Robert Grégoire de 1837 à 1841.

La chapelle de l'hospice Asselin, toujours visible, est l'œuvre de l'abbé Charles Robert. Sa construction s'est étalée sur dix ans, de 1845 à 1855, et sa décoration est l'œuvre du sculpteur Bonnet.

86 YVETOT - Maison des SS. CC. et de l'adoration perpétuelle - Champ de Mars

Installé à Yvetot en 1829 dans une fabrique du Champ de Mars, le couvent des Dames Blanches était un pensionnat de jeunes filles. Il se trouvait au bout de la rue du Petit Bois, sur la place du Champ de Mars. L'appellation « Dames Blanches » était due au costume (robe de laine blanche et pèlerine, blanche également) que portaient les religieuses, dont le nom exact était « Dames des Sacrés-Cœurs et de l'Adoration perpétuelle ».

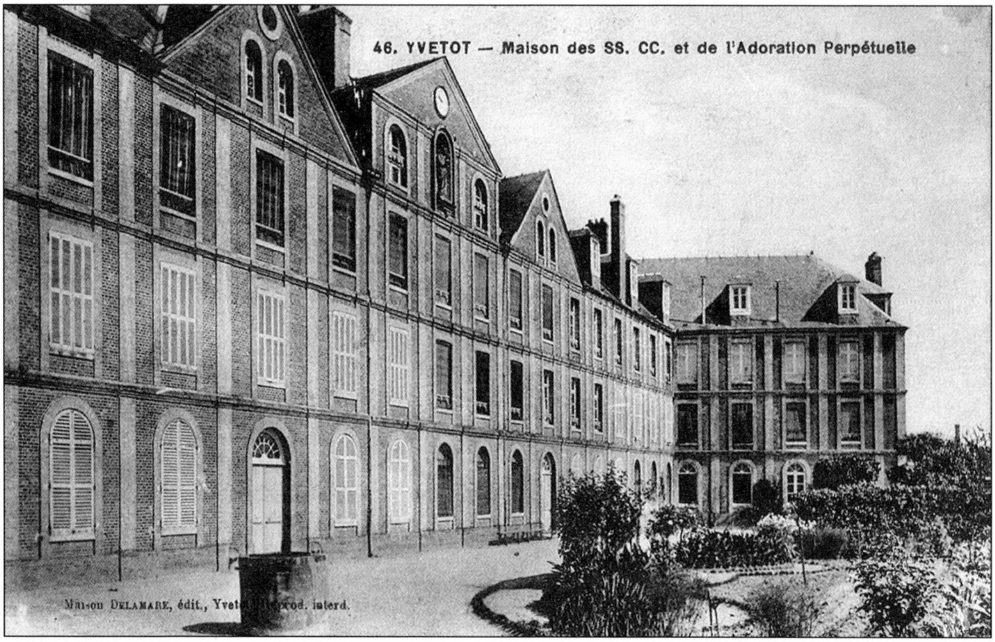

Le bâtiment des Dames Blanches était doté d'un jardin agrémenté d'une tonnelle, permettant aux jeunes filles de profiter d'un environnement plaisant aux beaux jours.

Initialement fondée par Henriette Aymer de la Chevalerie, originaire du Poitou, l'institution, dans sa dépendance d'Yvetot, était dirigée par madame Constantine Yver. A. Fromentin (*Yvetot et ses environs*) explique que, selon les règles de l'institution, une religieuse devait se trouver perpétuellement en adoration devant l'autel de la chapelle. Les Dames Blanches recevaient les fillettes des familles notables d'Yvetot et des environs. Durant la guerre de 1870-1871, elles accueillirent les jeunes filles que leurs familles voulaient protéger des assauts de l'armée prussienne entrée dans Yvetot.

Le manoir du Fay ou manoir de Valleville, toujours visible dans un environnement bucolique, se situe rue du Grand-Fay. Propriété au début du XVIIe siècle de Pierre Houel de Valleville, grand-oncle de Pierre et Thomas Corneille, qui le fit construire, le bâtiment servit de prison sous la Révolution avant de devenir une exploitation agricole au XIXe siècle. Jacques Delamare, descendant de la célèbre famille de libraires yvetotais et auteur de deux ouvrages sur Yvetot, rapporte que Pierre Corneille y séjournait lorsqu'il venait retrouver son oncle, l'abbé Antoine Corneille, curé de l'église voisine Sainte-Marie de 1608 à 1648.

7

Fêtes et événements

112. YVETOT (S.-Inf) — La Rue de l'Eglise en Fête

Façades abondamment décorées, guirlandes de lampions et petites filles en habit du dimanche donnent un bel air de fête à la rue de l'Eglise. Yvetot eut maintes fois l'occasion de festoyer, notamment lors des visites d'hôtes de marque : Louis XVI y passa, peu avant la Révolution, le 28 juin 1786 ; Napoléon Ier y vint à deux reprises, en 1802 et 1810. Environ 60 ans plus tard, ce fut le tour de Napoléon III qui y fit escale en 1867. A chacune de ces visites, la ville fut décorée, les façades ornées, les notables pomponnés...

La visite de Napoléon Ier en 1810 laissa d'ailleurs dans les mémoires une anecdote rapportée dans *Esquisses historiques sur la ville et le prétendu royaume d'Yvetot*, mettant notamment en scène Aimable Delalande, président du conseil municipal nommé en l'an II (1794), puis maire de la ville à partir de l'an VIII (1800) : « *M. Hery, président du tribunal de commerce, avait préparé un discours pour l'empereur ; mais à sa vue, il fut tellement interdit qu'il ne put ouvrir la bouche. Bonaparte s'en étant aperçu, lui dit en riant :* "Je vois que vous êtes normand, vous manquez de parole." *M. Delalande, au contraire, fit montre d'un à-propos des mieux trouvés.* "Depuis quand êtes-vous maire, monsieur ?", *lui avait dit l'empereur.* "Sire, *reprit le magistrat sans se troubler,* depuis que vous faites le bonheur de la France." »

La Fête-Dieu, nom populaire de la fête du Saint-Sacrement qui a lieu au mois de juin, était célébrée de manière traditionnelle à Yvetot au début du XXe siècle. Cette fête, qui date du XIIIe siècle, a été rendue obligatoire par le pape Urbain IV en 1264, puis le pape Jean XXII ordonna en 1316 qu'une procession eût lieu pour porter l'Eucharistie dans les rues. Ce défilé religieux avait pour but de bénir les rues et les maisons. Edward Montier, qui fréquenta le séminaire d'Yvetot, qu'il appelle « collège », a témoigné de la procession de la Fête-Dieu à Yvetot : *« Puis nous sommes partis, en rangs de promenade rejoindre à l'église paroissiale la procession qui parcourt les longues rues d'Yvetot, faites exprès pour ces cortèges lents. La ville tout entière est en fête, les processions d'Yvetot, grâce au clergé nombreux que leur fournit le collège, sont une solennité régionale. On y vient des paroisses environnantes, c'est un fourmillement de blouses bleues ourlées d'argent et de bonnets à coques jaunes, parmi les toilettes cossues de la société yvetotaise. Toutes les fenêtres sont garnies, les rues sont tendues de draps et de longs "doubliers", jeunes filles en cheveux et boutiquiers en manches de chemise se hâtent et piquent dans la toile tendue des bouquets de roses et d'œillets. La ville est embaumée, le pavé est jonché de feuillages ; les senteurs de ces feuillages, coupés en pleine sève, et que les passants ont écrasés, montent capiteuses aux narines ; c'est la profusion, l'exubérance des floraisons estivales qui attendent le Dieu de l'ascétisme et du renoncement. »*

Façade de l'hôtel du Lion d'Or tenu par P. Vincent, situé rue de Caudebec, abondamment décorée à l'occasion d'une fête. L'établissement assurait non seulement le logement des voyageurs, mais mettait à leur disposition chevaux et voitures. Une table installée sur le trottoir permettait de se désaltérer en plein air au café de l'hôtel lorsque les beaux jours arrivaient. L'hôtel du Lion d'Or a choisi ici la musique en guise de thème de décoration de sa façade, comme le montrent les ornementations des fenêtres : des portées couvertes de notes sont placées en travers de chacune d'elles et des titres de chansons populaires sont visibles dans leur partie supérieure.

Plusieurs cartes postales furent éditées à l'occasion de la célébration de la fête de la gymnastique qui donnait lieu à une remise de récompenses officielles, sur la place de l'Hôtel de Ville et en présence, bien sûr, des notables locaux. Un portique portant la devise latine « *Si tu veux la paix, prépare la guerre* » était posé pour l'occasion.

YVETOT. — Le Théâtre.

Devenue propriété de la ville en 1833, la halle aux grains, vue ici côté place des Belges, fut transformée en théâtre comme l'indique le fronton. Elle faisait également office de salle des fêtes et de cinéma. En 1925, elle abritait le cinéma Pathé dont le directeur était monsieur Cauvin. Le bâtiment survécut aux destructions de la seconde guerre mondiale, mais hélas pas à l'urbanisme moderne des années soixante-dix.

La fête des fleurs était une occasion supplémentaire de décorer rues et façades des maisons. C'était également celle de faire défiler dans les rues de la ville les chars abondamment décorés et, pour les habitants, de se promener en habits du dimanche.

Les planches et tréteaux pourraient laisser penser que la place de l'Eglise, représentée ici dans les années trente, se prépare pour le jour du marché. Les drapeaux français que l'on voit indiquent plutôt qu'il s'agit là des préparatifs d'une fête, peut-être même de la fête nationale. La place de l'Eglise ressemblait fort encore à ce qu'elle était au début du XXe siècle. Seule la voiture au premier plan nous montre que la modernité est entrée dans Yvetot. Les bières Paillette, célèbres en Normandie et particulièrement en Seine-Maritime, apparaissent sur l'enseigne du café-restaurant sur la gauche, tenu au début du siècle par un certain Lemoine. Les fêtes patronales de la Saint-Pierre, début juillet, et de la Saint-Luc, le 18 octobre, étaient aussi l'occasion de s'amuser autour de stands de tirs, de loteries ou de manèges installés sur un champ de foire.

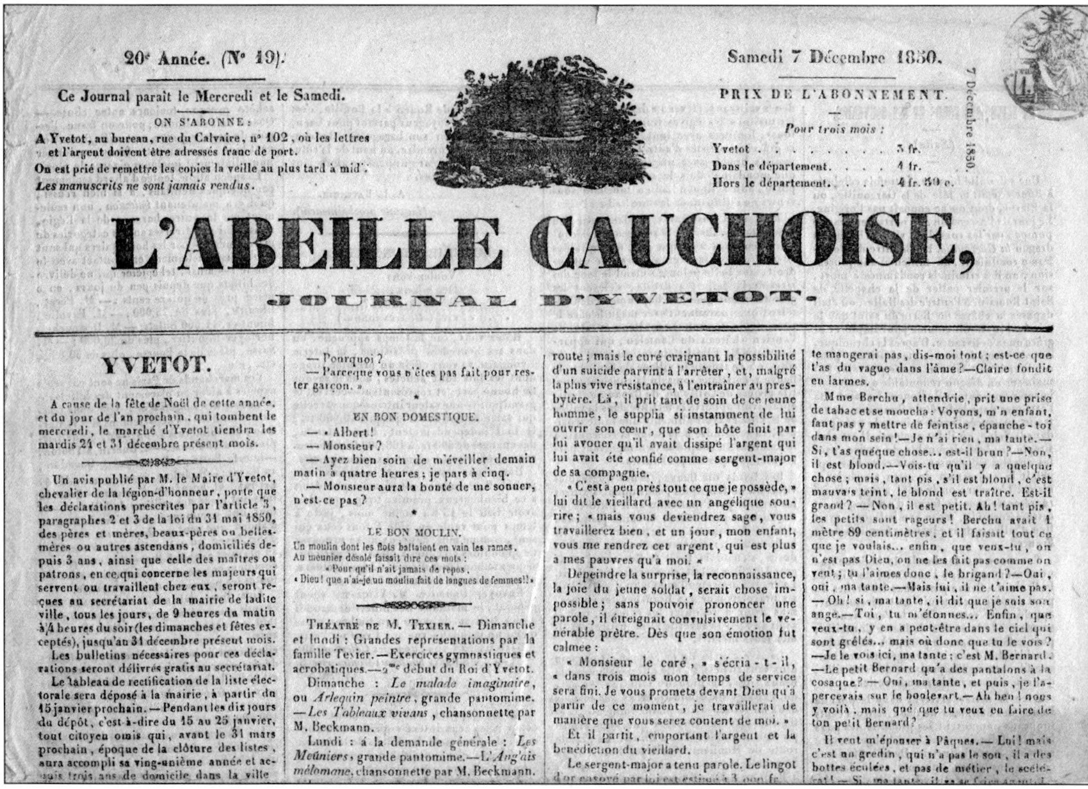
20ᵉ Année. (Nº 19). Samedi 7 Décembre 1850.

Ce Journal paraît le Mercredi et le Samedi.

ON S'ABONNE :

A Yvetot, au bureau, rue du Calvaire, nº 102, où les lettres et l'argent doivent être adressés franc de port.

On est prié de remettre les copies la veille au plus tard à midi.

Les manuscrits ne sont jamais rendus.

PRIX DE L'ABONNEMENT.

Pour trois mois :

Yvetot . . . . 3 fr.

Dans le département. . . . 4 fr.

Hors le département. . . . 4 fr. 50 c.

L'ABEILLE CAUCHOISE,

JOURNAL D'YVETOT.

YVETOT.

A cause de la fête de Noël de cette année, et du jour de l'an prochain, qui tombent le mercredi, le marché d'Yvetot tiendra les mardis 24 et 31 décembre présent mois.

Un avis publié par M. le Maire d'Yvetot, chevalier de la légion-d'honneur, porte que les déclarations prescrites par l'article 3, paragraphes 2 et 3 de la loi du 31 mai 1850, des pères et mères, beaux-pères ou belles-mères ou autres ascendans, domiciliés depuis 3 ans, ainsi que celle des maîtres ou patrons, en ce qui concerne les majeurs qui servent ou travaillent chez eux, seront reçues au secrétariat de la mairie de ladite ville, tous les jours, de 9 heures du matin à 4 heures du soir (les dimanches et fêtes exceptés), jusqu'au 31 décembre présent mois.

Les bulletins nécessaires pour ces déclarations seront délivrés gratis au secrétariat.

Le tableau de rectification de la liste électorale sera déposé à la mairie, à partir du 15 janvier prochain. — Pendant les dix jours du dépôt, c'est-à-dire du 15 au 25 janvier, tout citoyen omis qui, avant le 31 mars prochain, époque de la clôture des listes, aura accompli sa ving-unième année et acquis trois ans de domicile dans la ville

— Pourquoi ?

— Parceque vous n'êtes pas fait pour rester garçon. »

*

EN BON DOMESTIQUE.

— « Albert !

— Monsieur ?

— Ayez bien soin de m'éveiller demain matin à quatre heures ; je pars à cinq.

— Monsieur aura la bonté de me sonner, n'est-ce pas ?

*

LE BON MOULIN.

Un moulin dont les flots battaient en vain les rames,
Au meunier désolé faisait dire ces mots :
« Pour qu'il n'ait jamais de repos,
« Dieu ! que n'ai-je un moulin fait de langues de femmes !! »

THÉATRE DE M. TEXIER. — Dimanche et lundi : Grandes représentations par la famille Texier. — Exercices gymnastiques et acrobatiques. — 2ᵐᵉ début du Roi d'Yvetot.

Dimanche : *Le malade imaginaire*, ou *Arlequin peintre*, grande pantomime. — *Les Tableaux vivans*, chansonnette par M. Beckmann.

Lundi : á la demande générale : *Les Meûniers*, grande pantomime. — *L'Anglais mélomane*, chansonnette par M. Beckmann.

route ; mais le curé craignant la possibilité d'un suicide parvint à l'arrêter, et, malgré la plus vive résistance, à l'entraîner au presbytère. Là, il prit tant de soin de ce jeune homme, le supplia si instamment de lui ouvrir son cœur, que son hôte finit par lui avouer qu'il avait dissipé l'argent qui lui avait été confié comme sergent-major de sa compagnie.

« C'est à peu près tout ce que je possède, » lui dit le vieillard avec un angélique sourire ; « mais vous deviendrez sage, vous travaillerez bien, et un jour, mon enfant, vous me rendrez cet argent, qui est plus à mes pauvres qu'à moi. »

Dépeindre la surprise, la reconnaissance, la joie du jeune soldat, serait chose impossible ; sans pouvoir prononcer une parole, il étreignait convulsivement le vénérable prêtre. Dès que son émotion fut calmée :

« Monsieur le curé, » s'écria-t-il, « dans trois mois mon temps de service sera fini. Je vous promets devant Dieu qu'à partir de ce moment, je travaillerai de manière que vous serez content de moi. »

Et il partit, emportant l'argent et la bénédiction du vieillard.

Le sergent-major a tenu parole. Le lingot d'or envoyé par lui est estimé à 3,000 fr.

te mangerai pas, dis-moi tout ; est-ce que t'as du vague dans l'âme ? — Claire fondit en larmes.

Mme Berchu, attendrie, prit une prise de tabac et se moucha : Voyons, m'n enfant, faut pas y mettre de feintise, épanche-toi dans mon sein ! — Je n'ai rien, ma tante. — Si, t'as quéque chose... est-il brun ? — Non, il est blond. — Vois-tu qu'il y a quelque chose ; mais, tant pis, s'il est blond, c'est mauvais teint, le blond est traître. Est-il grand ? — Non, il est petit. Ah ! tant pis, les petits sont rageurs ! Berchu avait 1 mètre 89 centimètres, et il faisait tout ce que je voulais... enfin, que veux-tu, on n'est pas Dieu, on ne les fait pas comme on veut ; tu l'aimes donc, le brigand ? — Oui, oui, ma tante. — Mais lui, il ne t'aime pas. — Oh ! si, ma tante, il dit que je suis son ange. — Toi, tu m'étonnes... Enfin, que veux-tu, y en a peut-être dans le ciel qui sont grêlés... mais où donc que tu le vois ? — Je le vois ici, ma tante ; c'est M. Bernard. — Le petit Bernard qu'a des pantalons à la cosaque ? — Oui, ma tante, et puis, je l'apercevais sur le boulevart. — Ah ben ! nous y voilà, mais qué que tu veux en faire de ton petit Bernard ?

Il veut m'épouser à Pâques. — Lui ! mais c'est un gredin, qui n'a pas le sou, il a des bottes éculées, et pas de métier, le scélérat ! — Si, ma tante, il

Le journal *L'Abeille cauchoise* publiait les nouvelles locales et régionales. A ce titre, les visites officielles ou autres manifestations y étaient rapportées. Fondée en 1831 avec le sous-titre « Feuille d'affiches, annonces judiciaires, etc. », *L'Abeille*, comme l'appelaient les Yvetotais, continua à paraître deux fois par semaine, les mercredi et samedi, jusqu'en 1944. L'imprimerie qui l'éditait avait été fondée durant la Révolution par Etienne Lenud, ancien juge au district de Caudebec. *L'Abeille* y fut imprimée ensuite sous la direction du citoyen Jourdain. Au milieu du XIXᵉ siècle, ses bureaux étaient situés 102, rue du Calvaire. Ils déménagèrent au XXᵉ siècle rues Haëmer et Lormier. Plusieurs ouvrages d'histoire locale furent édités par *L'Abeille cauchoise* et sortirent des presses de l'imprimerie Léon Lachèvre.

8

Le roi d'Yvetot : mythe ou réalité ?

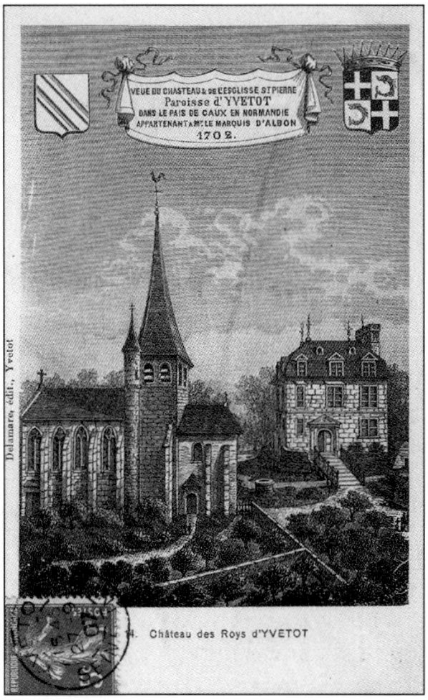

Plusieurs légendes se sont construites autour de l'existence du royaume d'Yvetot dont la date de création demeure incertaine, mais qui remonterait au IXe siècle. L'hypothèse souvent retenue serait l'obtention, à titre posthume, par Gautier, seigneur d'Yvetot, de la franchise pour son fief accordée par le roi de France, pour des raisons qui demeurent obscures.

Il y eut en tout cas plusieurs générations de seigneurs d'Yvetot. L'un d'eux, Jehan IV, prit le titre de roi à la fin du XIVe siècle, titre que sa dynastie conserva jusqu'au milieu du XVIe siècle. Les successeurs eurent, quant à eux, le titre de prince.

Dotés de privilèges accordés par le roi de France confirmés par lettres patentes, ils purent œuvrer plus aisément au développement de leur petite cité. Les habitants du royaume d'Yvetot n'étaient ainsi pas soumis aux mêmes taxes et impôts que ceux du royaume de France. Par exemple ils ne payaient pas la taille… Son statut leur épargnait bien des obligations, comme l'a raconté le vicomte Walsh : « *Ce petit Etat a été considéré comme indépendant ; il avait son code coutumier et sa monnaie. Yvetot, dans les temps un peu reculés, ne fournissait ni troupes, ni argent, soit aux ducs de Normandie, soit aux rois de France ; on n'y connaissait ni le ban, ni l'arrière-ban, non plus que les assignations à la cour du parlement de Paris, ou à l'échiquier de Normandie. Trop peu étendu pour être convoité, le royaume d'Yvetot devait à l'humilité de ses frontières les douceurs d'une paix éternelle, et n'avait point à entretenir à grands frais des forteresses et des soldats.* »

Les seigneurs d'Yvetot auraient, semble-t-il, bien battu monnaie sous forme de morceaux de cuir taillé, au centre desquels se trouvait un clou de cuivre ou d'argent.

Les rois d'Yvetot se firent construire un château à la fin du XVIe siècle qui ressemblait davantage à un manoir. Il fut détruit durant la Révolution et ne subsista qu'à travers des gravures. René Dumontier dans *Il était un roy d'Yvetot* rapporte qu'il était *« élevé sur le plateau d'une forte motte ronde, entouré de tous côtés par de profonds fossés remplis d'eau »*. On reconnaît sur la droite le bâtiment de la halle aux grains achevé en 1786 par le dernier prince d'Yvetot, Camille III d'Albon. Grâce aux franchises accordées au royaume d'Yvetot, les marchands venus de toute la Normandie y échangeaient des draps contre des harengs, des toiles et de la cire qui étaient débarqués à Honfleur.

Le roi d'Yvetot a été souvent représenté sur des gravures. Afin de ne pas oublier que ce roi régnait sur une portion de terre normande, le pays de Caux est symbolisé ici par le bonnet que porte la jeune femme assise et visible de dos. L'ancienneté et les privilèges de son royaume furent attestés par 30 témoins, parmi lesquels Jean Houel, ancêtre de la famille Corneille, lors d'une enquête voulue par le roi Louis XI du 4 avril 1461 au 12 avril 1462.

Yvetot a utilisé dans de nombreuses cartes postales la notoriété de son roi. Si elle ne suscitait pas la convoitise du roi de France, la petite principauté d'Yvetot fit tout de même l'objet au XVIIIe siècle de rapports, conservés aux Archives nationales, qui lui furent adressés pour lui présenter les avantages qu'il aurait à l'acquérir. Quelques années avant la Révolution, la comtesse d'Albon elle-même avait tenté des démarches auprès du ministre Necker afin que Louis XVI achète la principauté moyennant le versement de 140 000 francs de rente. Il faut dire que son époux, Camille III, était mort couvert de dettes, malgré les 40 000 livres de rente que lui assurait le domaine d'Yvetot. La tentative de la comtesse d'Albon ayant échoué, elle réitéra peu de temps après sa demande, en réduisant cette fois ses prétentions, acceptant de s'en remettre au montant de l'estimation qui en serait faite. Elle faisait valoir alors que cette acquisition aurait permis de faire cesser un commerce illicite et de mettre fin aux procès continuels entre le prince et la ferme générale. Cette seconde démarche n'aboutit pas non plus et c'est la Révolution qui mit un terme à l'existence de la principauté d'Yvetot. Par délibération du 18 novembre 1789, le conseil municipal et électoral renonça, en effet, aux privilèges dont jouissait la principauté. C'est donc le XVIIIe siècle qui donna à Yvetot son dernier seigneur : Camille III d'Albon qui l'avait reçu en dot de son épouse, mademoiselle de Crevant.

Le thème du roi d'Yvetot a également été très utilisé un peu partout en France dans des publicités commerciales, notamment dans de nombreux chromos. Celui à l'enseigne A la Ville de Bordeaux présente une version un peu plus stylisée que celle proposée habituellement.

Chromo publicitaire sur le thème des chansons, édité par la marque Ricqlès, célèbre pour son alcool de menthe.
Il reprend le thème du roi d'Yvetot et les paroles de la chanson de Béranger.

Protège-cahier publicitaire pour la Quintonine, sur le thème des chansons françaises traditionnelles, reprenant, lui aussi, celui du roi d'Yvetot et accompagné d'un extrait de la partition de la chanson de Béranger. La Normandie est évoquée ici à travers les costumes des jeunes gens entourant le roi, assis sur son tonneau, un panier de pommes à cidre à ses pieds.

La simple évocation du roi d'Yvetot fait souvent sourire, du fait de la représentation qui en a été faite dans l'imagerie populaire. De nombreuses cartes postales ont ainsi montré le célèbre petit roi comme un personnage pour le moins fantaisiste.
Il apparaît souvent entouré de femmes portant la coiffe cauchoise populaire et le tablier des servantes, ou de femmes de la petite bourgeoisie.

Abondamment caricaturé par les dessinateurs, le roi d'Yvetot est représenté dans de très nombreuses cartes postales toujours très entouré, qu'il se fasse servir un verre de cidre ou de vin, ou bien qu'il passe ses troupes en revue. L'étendard porte les armes de la ville : navette et épis de blé, symboles des activités locales.

CHANSONS DE BÉRANGER

LE

ROI D'YVETOT

PRIX : 1 FRANC

PARIS

GARNIER FRÈRES
LIBRAIRES-ÉDITEURS
6, RUE DES SAINTS-PÈRES, 6

LE BAILLY, ÉDITEUR DE MUSIQUE
O. BORNEMANN, SUCCESSEUR
2bis, RUE DE L'ABBAYE (Saint-Germain-des-Prés).

Partition de la chanson de Béranger, *Le Roi d'Yvetot*, illustrée bien sûr d'une gravure présentant le personnage toujours aussi caricaturé et porté par son peuple.

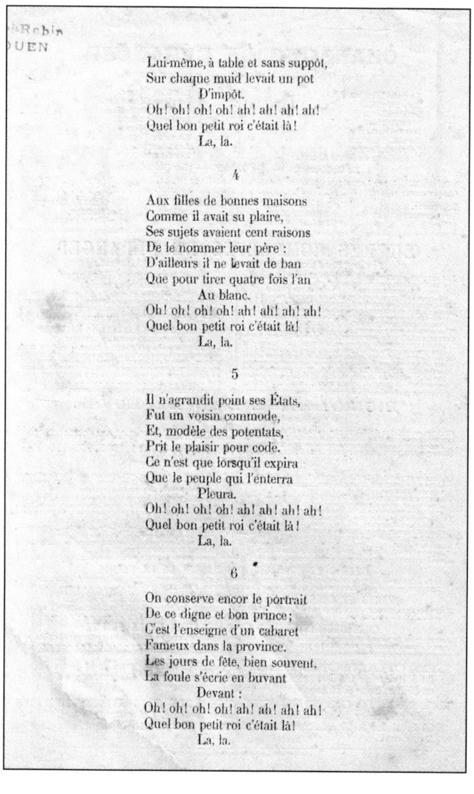
Lui-même, à table et sans suppôt,
Sur chaque muid levait un pot
D'impôt.
Oh! oh! oh! oh! ah! ah! ah! ah!
Quel bon petit roi c'était là!
La, la.

4

Aux filles de bonnes maisons
Comme il avait su plaire,
Ses sujets avaient cent raisons
De le nommer leur père :
D'ailleurs il ne levait de ban
Que pour tirer quatre fois l'an
Au blanc.
Oh! oh! oh! oh! ah! ah! ah! ah!
Quel bon petit roi c'était là!
La, la.

5

Il n'agrandit point ses États,
Fut un voisin commode,
Et, modèle des potentats,
Prit le plaisir pour code.
Ce n'est que lorsqu'il expira
Que le peuple qui l'enterra
Pleura.
Oh! oh! oh! oh! ah! ah! ah! ah!
Quel bon petit roi c'était là!
La, la.

6

On conserve encor le portrait
De ce digne et bon prince;
C'est l'enseigne d'un cabaret
Fameux dans la province.
Les jours de fête, bien souvent,
La foule s'écrie en buvant
Devant :
Oh! oh! oh! oh! ah! ah! ah! ah!
Quel bon petit roi c'était là!
La, la.

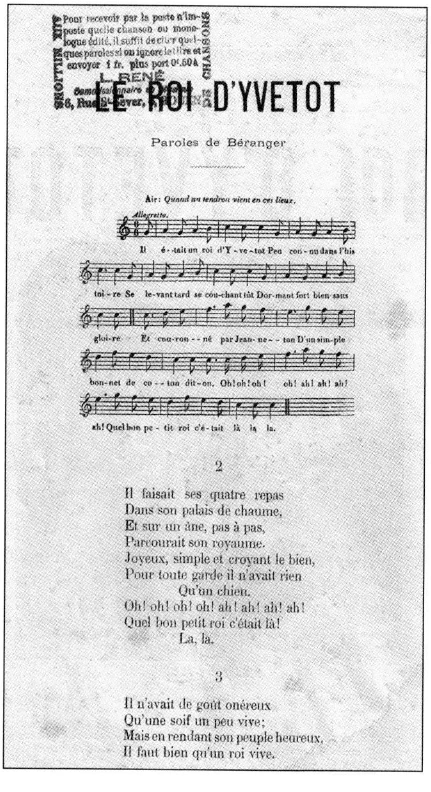
Pour recevoir par la poste n'importe quelle chanson ou monologue édité, il suffit de citer quelques paroles si on ignore le titre et envoyer 1 fr. plus port 0f.50 à
L. RENÉ
Commissionnaire
6, Rue St-Sever,
AUX MILLIONS DE CHANSONS

LE ROI D'YVETOT

Paroles de Béranger

Air : *Quand un tendron vient en ces lieux.*

Allegretto.

Il é-tait un roi d'Y-ve-tot Peu con-nu dans l'his-toi-re Se le-vant tard se cou-chant tôt Dor-mant fort bien sans gloi-re Et cou-ron-né par Jean-ne-ton D'un sim-ple bon-net de co-ton dit-on. Oh! oh! oh! oh! ah! ah! ah! ah! Quel bon pe-tit roi c'é-tait là la la.

2

Il faisait ses quatre repas
Dans son palais de chaume,
Et sur un âne, pas à pas,
Parcourait son royaume.
Joyeux, simple et croyant le bien,
Pour toute garde il n'avait rien
Qu'un chien.
Oh! oh! oh! oh! ah! ah! ah! ah!
Quel bon petit roi c'était là!
La, la.

3

Il n'avait de goût onéreux
Qu'une soif un peu vive;
Mais en rendant son peuple heureux,
Il faut bien qu'un roi vive.

9

Touriste à Yvetot

Ravissante carte postale « à système » montrant l'arrivée d'une élégante à Yvetot. Sa malle cache un minuscule dépliant de vues des principaux monuments et rues de la ville. Si Yvetot n'a jamais été une ville touristique, elle n'en a pas moins possédé plusieurs hôtels, destinés davantage aux visiteurs venant en ville pour leurs affaires commerciales. Lorsque des touristes s'y arrêtaient, c'était souvent pour en découvrir les alentours : « *Yvetot appelle d'ailleurs votre attention, non seulement pour lui-même, mais pour ses beaux environs. D'Yvetot, on rayonne sur des campagnes admirables ; on est à deux pas de Fécamp ; on touche aux rives poétiques et grandioses de la Seine, à Caudebec, à Saint-Wandrille, à Villequier.* » (E. Chapus, *De Paris au Havre*.)

Carte postale montrant, au premier plan, la villa Hédelin. On aperçoit au bout de la rue le bâtiment de l'ancienne gare. Pour gagner le centre de la ville, il fallait traverser la route de Rouen ou celle du Havre, tout comme aujourd'hui.

La villa Hédelin telle que pouvaient la voir les touristes à leur arrivée à Yvetot par chemin de fer.

La rue de la Gare, vue ici en partant de la gare en direction de la ville. La villa Hédelin et son vaste jardin sont cette fois sur la gauche. Cette carte illustre parfaitement les propos de René Dumontier : « *Aussitôt parvenu sur la place de la gare, le touriste, d'un coup d'œil rapide, embrasse le vaste panorama de la ville, aux abords plaisants. A gauche, se détachant sur des lointains de verdure, s'élèvent les importants bâtiments d'une minoterie et non loin de ceux-ci une jolie maison de maître. Puis c'est un vaste jardin à la française, au fond duquel se profile, gracieuse, la tonnelle d'une riche villa. A droite, accueillant avec sa gaie façade de briques neuves agrémentée de rouges géraniums, se présente un des hôtels les plus réputés de la contrée. Une large voie semble inviter le voyageur à pénétrer jusqu'au centre même de la ville dont il aperçoit, à quelques centaines de mètres, l'agglomération.* »

Station d'Yvetot.

Gravure de la station d'Yvetot, publiée en 1862 par E. Chapus dans le guide *De Paris au Havre*, consacré aux voyages désormais rendus possibles par le chemin de fer. Yvetot y apparaît comme la 23e station sur le trajet de Paris au Havre et la 6e entre Rouen et Le Havre. E. Chapus présente ainsi Yvetot aux voyageurs : « *Lorsque les conducteurs officiels du train qui vous emporte annoncent Yvetot aux voyageurs, le premier mouvement est de chercher, en souriant, à saisir un petit coin de cette capitale d'un royaume en miniature qui eut son roi, et dont le nom est devenu si comiquement célèbre. On se rappelle la piquante chanson du poète Béranger, couronné roi lui-même par Jeanneton. On voudrait découvrir ne fût-ce qu'un angle de clocher ou de rue ; mais vain effort ! Yvetot n'est pas en vue, nous n'apercevons pas même quelques tuiles faîtières à travers des massifs d'arbres… rien.* » Il est vrai que la gare d'Yvetot était encore assez éloignée du centre de la ville.

Yvetot était l'un des arrêts obligés du chemin de fer reliant Paris au Havre. La station fut créée en 1847, entraînant une modification de la physionomie de la ville et suscitant la crainte de ses habitants qui voyaient dans l'arrivée du chemin de fer la fin des voitures publiques. Les voitures à cheval attendaient pourtant encore les voyageurs à leur sortie de la gare, comme le montre cette carte. Napoléon III y fit arrêt en 1867 lors de sa visite de la ville. C'est en 1867 également que *L'Abeille cauchoise*, et avec elle les Yvetotais, s'interrogèrent sur la nécessité d'agrandir la gare dont l'utilité leur apparut finalement bien grande.

Gustave Leprévost, propriétaire de l'hôtel du Chemin de Fer en 1878, recevait les touristes à la descente du train. C'était une « *bonne maison, recommandée et recommandable* », dotée de « *chambres vastes et aérées, restaurant à la carte toute la journée, bonne table* » selon le Guide Conty Normandie. C'était probablement à cet hôtel que se référait quelques années plus tôt E. Chapus : « *L'hôtel de la station, tenu par un certain Auger, petite maison à la façade blanche, est tout ce que vos yeux sauront de cette ville d'Yvetot. En sorte que je pourrais tout aussi bien vous parler de Constantinople que d'Yvetot, si ce n'était pourtant qu'il nous semble impossible qu'un jour ou un autre votre fantaisie de touriste curieux ne vous porte à visiter cette petite ville.* » Au début du XXe siècle, l'hôtel appartenait à madame veuve Delamare.

Publicité de l'hôtel du Chemin de Fer, parue en 1909 dans un guide de la région de Rouen publié par le syndicat d'initiative. Elle se réfère à la curiosité touristique locale : le chêne d'Allouville. L'hôtel a déjà un nouveau propriétaire : A. Fontaine.

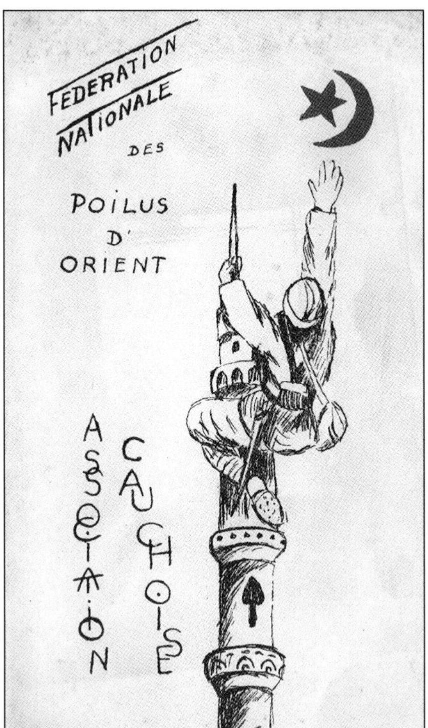

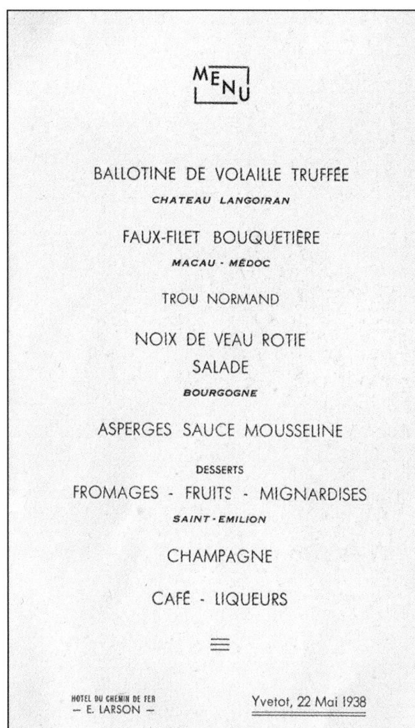

Existant toujours dans les années trente, l'hôtel du Chemin de Fer organisait des réceptions, comme celle qui eut lieu le 22 mai 1938 pour l'association cauchoise de la Fédération nationale des Poilus d'Orient.

193. - YVETOT. — Le Grand Hôtel des Victoires.

Le Grand hôtel des Victoires, abondamment représenté en cartes postales, abrita dans l'une de ses salles une rencontre entre le maire d'Yvetot, monsieur Buisson, et le commandant des forces prussiennes lors de la guerre de 1870. C'est d'ailleurs là que logeait l'état-major allemand durant l'occupation de la ville à cette époque. A droite de l'hôtel des Victoires, on devine la façade de l'hôtel du Havre qui se situait 10, rue Pasteur.

L'hôtel des Victoires, probablement l'un des plus connus d'Yvetot au début du XXe siècle, est dépourvu ici de ses colombages. L'établissement était effectivement cité dans tous les guides touristiques, comme ne manque pas de le rappeler le panneau visible sur la façade. Dans la seconde moitié du XIXe siècle, il était désigné comme *« l'hôtel recommandé de la place des Victoires »*, dont le propriétaire était monsieur Quesnot.

Publicité de l'hôtel des Victoires parue dans un annuaire de la Seine-Inférieure de 1925. L'hôtel assure toujours un service complet aux voyageurs, dont une voiture qui les attend même à la descente du train.

Hôteliers.

Arasté Vve, r. Belges.
Cinqualbre (*Hôtel des Victoires*), r. Pasteur, 12. Ⓣ 16 (*Voir annonce*).
Coffyn (*du Commerce*), r. de la République, 21, Ⓣ 24.
Démare (*Hôtel du Grand-Logis*), r. Petit-Marché, 5-7.
Larson (*du Chemin de Fer*), pl. Gare. Ⓣ 9.
Loyer, *Aigle d'Or* (*recomm. à MM. les Voyageurs*), pl. Hôtel-de-Ville, 4, et rue Thiers, 6.
Zahn (*Hôtel du Havre*), rue Pasteur, 10.

Sept hôtels, classés au nom de leurs propriétaires de l'époque, étaient répertoriés à Yvetot en 1925 dans l'annuaire de la Seine-Inférieure. On retrouve des enseignes souvent représentées sur les cartes postales : l'hôtel des Victoires, l'hôtel de l'Aigle d'Or et l'hôtel du Chemin de Fer.

L'hôtel de l'Aigle d'Or, situé rue Thiers et donnant sur la place de l'Hôtel de Ville, devint le siège du Club de bridge et du Rotary, ainsi que le rapporte Jacques Delamare (*Yvetot*).

Sans doute toujours à la recherche d'une carte postale originale à envoyer à leurs amis, les touristes trouvaient un certain choix à Yvetot parmi celles éditées par la maison Delamare, les sœurs Longuet ou encore les éditions Choux-Jensé. La carte reproduite ici, qui séduisit sans doute davantage les hommes, célèbre les progrès récents de l'aéronautique.

Cette carte, plus féminine, présente en vignettes les principales curiosités de la ville et de ses alentours. Le roi d'Yvetot, mythique, n'est pas oublié…

Carte multivues stylisée, éditée par les sœurs Longuet, reprenant en miniatures d'autres cartes éditées en format traditionnel.

Là encore, les vues miniatures représentent les principaux édifices d'Yvetot, sans oublier les armoiries de la ville. Le couple en costume traditionnel rappelle au destinataire qu'Yvetot est une ville bien normande.

10

Les environs d'Yvetot

On ne peut évoquer Yvetot et ses environs sans parler d'Allouville et de son célèbre chêne, tant les deux lieux sont liés. « *Ce chêne, véritable curiosité dans son genre, est le doyen des arbres de la contrée, on ne lui donne pas moins de 900 ans ; la circonférence de sa base est de 15 m, ce qui a permis d'utiliser ses flancs gigantesques pour la création de deux chapelles superposées, couronnées par une petite tourelle que surmonte une croix ; la chapelle du bas est dédiée à Notre-Dame de la Paix. On y trouve un petit autel avec voûte en bois de chêne assez coquettement travaillée ; cette chapelle lilliputienne a environ 6 m de circonférence sur une hauteur de 3 m. On y dit la messe les jours de pèlerinage. On arrive, en gravissant un petit escalier, à la chapelle supérieure surnommée chapelle du Calvaire, on y remarque un Christ. C'est dans cette cavité que demeurait jadis l'ermite du chêne. Complètement restauré et consolidé, par suite d'un vote du conseil général (1854), le chêne d'Allouville est à même de résister aujourd'hui à la fureur des vents les plus violents, ses branches principales ayant été reliées entre elles et fixées au tronc par d'immenses fils de fer ; ajoutons pour mémoire qu'il couvre environ 235 m carrés, et peut, par conséquent, ombrager plus de 2 000 personnes.* » (Guide Conty Normandie, 1878)

Cette gravure représentant le chêne d'Allouville montre qu'il était un lieu de pèlerinage pour les habitants des environs d'Yvetot.

La commune d'Allouville-Bellefosse est située à 5 kilomètres d'Yvetot. D'après A. Fromentin, auteur d'*Yvetot et ses environs*, *« la hauteur du chêne d'Allouville, comparativement à sa grosseur, est assez médiocre. Son tronc, qui est totalement creux, présente à peu près, depuis le sol jusqu'au sommet, c'est-à-dire à l'endroit où il semble avoir été rompu, la forme d'un cône. Jusqu'à la fin du XVII*[e] *siècle, l'intérieur de cet arbre n'avait pu servir que de retraite aux reptiles et à la chauve-souris, mais l'abbé du Détroit, curé d'Allouville, eut la louable idée de convertir la partie inférieure du tronc de ce vieil enfant de la terre en une petite chapelle. En effet, cet ecclésiastique effectua son projet en 1696. Il fit construire avec soin un lambris dans l'intérieur, et il dressa un autel que l'image de la Vierge décore. »*
En 1876, Allouville-Bellefosse comptait 1 227 habitants.

Auzebosc se situe à environ 3 kilomètres d'Yvetot. Son château date du XVIIIe siècle.

La tour représentée sur cette carte postale fait partie des rares ruines du château féodal d'Auzebosc. L'abbé Cochet la décrit comme une « *tour ronde en pierre, voûtée dans le style du XVe siècle, accompagnée des ruines bien conservées d'un manoir flanqué de tourelles du XVIe siècle, en encorbellement* ».

Auzebosc, commune voisine d'Yvetot, est connue aujourd'hui encore pour son établissement d'enseignement agricole. Le nombre d'élèves fréquentant l'école d'agriculture d'Yvetot, fondée dans les locaux de l'ancienne Institution ecclésiastique, ayant augmenté, une ferme fut achetée à Auzebosc. Cette carte montre le vaste bâtiment de style normand qui fut ensuite construit et inauguré en 1932. Il abritait l'école d'agriculture d'Yvetot-Auzebosc dont les locaux actuels sont beaucoup plus récents.

Située à environ 4 kilomètres d'Yvetot, Touffreville-la-Corbeline appartient à son canton. Dans les années vingt, la commune comptait 615 habitants, parmi lesquels de nombreux agriculteurs. A l'époque où fut publiée *La Géographie du département de la Seine-Inférieure* des abbés Bunel et Tougard, en 1876, la paroisse comptait 1 083 habitants. Son église Saint-Martin date surtout du XVIIIe siècle, mais possède une tour romane du XIIe siècle. Elle était un lieu de pèlerinage dédié tant à saint Martin qu'à saint Avoye.

Située à 4 kilomètres d'Yvetot, Autretot possède une église plutôt récente, puisqu'elle ne date que du XVIIIe siècle. Elle a été construite pour remplacer celle datant du XIe siècle, détruite par la foudre en 1685. Autretot abritait également un temple protestant.

Colombier du château de Boscol, non loin d'Yvetot, construit au XVIe siècle.

Mézerville est un hameau de la commune de Saint-Clair-sur-les-Monts dont l'église accueillait un pèlerinage le 17 juillet en mémoire d'une épidémie de dysenterie qui frappa les habitants de la paroisse ainsi que ceux d'Yvetot en 1715. Dans *La Géographie du département de la Seine-Inférieure*, les abbés Bunel et Tougard rapportent que les habitants de ces deux paroisses « *s'étaient engagés par vœu* [...], *à faire chaque année, le mardi de la Trinité, un pèlerinage au Précieux Sang de Fécamp. Ce pieux voyage a cessé ; mais il en est resté à l'église quelques usages particuliers* ».

Ferme cauchoise aux environs d'Yvetot, entourée de ses pommiers et de sa mare dans laquelle elle se reflète fort joliment.

La cheminée de cette vieille maison située dans le hameau du Fay, près d'Yvetot, est celle décrite par A. Beaucousin dans *Une vieille maison à Yvetot*. Elle fut construite dans la première moitié du XVIe siècle à la demande de Robert Beury, bourgeois d'Yvetot, fils de Guillaume Beury qui, en 1487, rendit aveu au fief de Carclif faisant partie du hameau de Mézerville.

Sources

Ardouin-Dumazet, *Voyage en France - Normandie*, Berger-Levrault & Cie, Editeurs, Paris et Nancy, 1901.
Beaucousin A., *Une vieille maison à Yvetot*, Imprimerie Léon Lachèvre, Yvetot, 1901.
Bernage Georges, *Le Costume normand*, Editions Heimdal, Bayeux, 1981.
Bunel J. (abbé) et Tougard A. (abbé), *La Géographie du département de la Seine-Inférieure*, Imprimerie de E. Cagniard, Rouen, 1876.
Canu Ferdinand (docteur), *Strophes au chêne d'Allouville et autres poésies suivies d'un précis historique sur l'hospice Asselin d'Yvetot*, 1858.
Chapus E., *De Paris au Havre*, L. Hachette et Cie, Paris, 1869-1870.
Couasnon Serge, *Le Petit Roi d'Yvetot*, Editions Charles Corlet, Condé-sur-Noireau, 2005.
Delamare Jacques, *Yvetot*, Editions SAEP, Colmar-Ingersheim, 1971.
Delamare Jacques, *Yvetot*, Editions Equinoxe, 1997.
Dumontier René, *Il était un Roy d'Yvetot*, Abeille cauchoise, Yvetot, 1930.
Féret, Lebey André, Spalikowski Edmond et divers écrivains régionaux, *Normandie et Normands d'aujourd'hui*, Albin Michel, Paris, 1927.
Fromentin Alexandre, *Promenade artistique en chemin de fer de Rouen au Havre*, Imprimerie D. Brière, Rouen, 1858.
Fromentin Alexandre, *Yvetot et ses environs.*
Janin Jules, *La Normandie*, Ernest Bourdin, Paris, 1862.
Lante M., *Costumes de Normandie, Suite des cent cinq planches dessinées par M. Lante en 1827*, Editions Jean-Pierre Gyss, Barembach, 1988.
Lapert Louis, *La Guerre 1870-1871 à Yvetot et ses environs*, Imprimerie nouvelle, Yvetot, 1970.
Lefèvre Léon-Paul, *Yvetot pendant la Révolution (de 1788 à 1815)*, Léon Lachèvre, Yvetot, 1908.
Mauclair Camille, *La Normandie*, Editions J. Rey, B. Arthaud, Grenoble, 1926.
Montier Edward, *L'Age enclos dans un collège libre*, Plon-Nourrit et Cie, Paris, 1907.
Montier Edward, *La « Maison » d'Yvetot et sa filiale l'externat Saint-Joseph du Havre*, Imprimerie Wolf, Rouen, 1951.
Tougard Robert, *La Révolution à Yvetot*, tomes I et II, Imprimerie nouvelle, Yvetot, 1988.
V., *Esquisses historiques sur la ville et le prétendu royaume d'Yvetot*, Mme veuve Hérambourg, libraire-éditeur, Paris, 1844.
Walsh (vicomte), *Souvenirs et impressions de voyage*, Mame et Cie, Tours, 1842.
Ouvrage collectif, *Centenaire de la Caisse d'épargne d'Yvetot (1837-1937).*
La Revue de Rouen, n° spécial, 10e année, n° 4.
Catalogues d'exposition
Le costume en Normandie du XVIIIe au XXe siècle, Bergeret Anne-Marie, Bouret Brigitte, Bruneau Marguerite et madame Ferry, Editions Bertout, Luneray, 1989.
La Révolution à Yvetot et dans le pays de Caux, du 29 avril au 10 juin 1989, Bibliothèque municipale, Yvetot.
Guides
Bertot, *Guides du cycliste en France, de Paris à Saint-Malo, Cherbourg et Le Havre*, Editions G. Boudet, Ch. Mendel, Paris, 1895.
Guide Conty Normandie, 1878.
Joanne Adolphe, *Géographie de la Seine-Inférieure*, Hachette et Cie, Paris, 1901.
Livret-guide *Rouen et la Haute-Normandie*, Syndicat d'initiative de Rouen et de la Haute-Normandie, Rouen, 1909.

Archives nationales de France
Archives municipales d'Yvetot
Base Mérimée (Archives nationales de France)
Bibliothèque nationale de France
La Bibliothèque numérique normande : http://www.normannia.info
Les documents et la plupart des cartes postales reproduits dans cet ouvrage appartiennent à la collection personnelle de l'auteur.